TRIBUNAL DE COMMERCE DE BORDEAUX

RAPPORT

SUR LE PROJET DE LOI

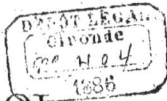

RELATIF AUX

SOCIÉTES PAR ACTIONS

Présenté au Tribunal le 9 novembre 1886

PAR M. ALFRED LAGACHE, JUGE

ET

DÉLIBÉRATION DU TRIBUNAL

BORDEAUX

IMPRIMERIE G. GOUNOUILHOU

11 — RUE GUIRAUDE — 11

1886

RAPPORT

SUR LE PROJET DE LOI

RELATIF AUX

SOCIÉTÉS PAR ACTIONS

Présenté au Tribunal le 9 novembre 1886.

Par M. Alfred LAGACHE, JUGE

ET

DÉLIBÉRATION DU TRIBUNAL

Aujourd'hui, neuf novembre mil huit cent quatre-vingt-six, se sont réunis dans la chambre du conseil du Tribunal, sur la convocation adressée par M. le Président à MM. les Membres, MM. Maurice Segrestaa, premier juge remplissant les fonctions de président en l'absence du titulaire; Borde, Caupenne, Besse, Lagache, Babin, juges; Renaud, Brandenburg, Tandonnet, Léon, Barincou, Magne, juges suppléants; Laroze, greffier.

M. le Président dépose sur le bureau une lettre en date du 25 juin 1885, par laquelle M. le Procureur général près la Cour d'appel de Bordeaux, communique au Tribunal une dépêche de M. le Garde des Sceaux, Ministre de la Justice, invitant les Cours d'appel et les Tribunaux de commerce à donner leur avis sur le projet de loi sur les Sociétés par actions.

M. le Président ajoute que le Tribunal, réuni une première fois, a décidé que ce projet de loi serait examiné par une Commission de cinq de ses membres, chargée de lui faire un rapport;

Que cette Commission, composée de MM. Segrestaa, Borde, Schröder, Besse et Lagache, s'était plusieurs fois réunie; qu'elle avait examiné et discuté le projet de loi, et fait choix de M. Lagache en qualité de rapporteur; que le rapporteur était prêt à donner connaissance au Tribunal du rapport qu'il avait rédigé, et qui contient les résolutions de la Commission sur le projet de loi soumis à l'examen du Tribunal.

Après cet exposé, la parole est donnée à M. Lagache, qui lit le rapport suivant au nom de la Commission :

MESSIEURS,

L'un de nos plus éminents jurisconsultes a dit :

« L'homme, considéré dans ce qui tient à l'association de ses intérêts privés, se trouve placé entre

1

» deux directions contraires par le sentiment de sa force et le sentiment de sa faiblesse. Le premier le
» conduit à l'indépendance, et l'indépendance à un orgueilleux isolement; le second lui fait sentir le
» besoin d'un appui, et rechercher dans l'association un remède à son insuffisance. »

C'est sous le patronage de cette puissante pensée que je me suis placé pour l'étude que j'ai
l'honneur de soumettre à vos délibérations.

Nulle part, en effet, l'esprit d'association ne peut être justifié à un plus haut degré qu'en France, où
non seulement il correspond à un besoin, mais présente en outre le caractère d'une impérieuse nécessité.
Nos lois successorales, en établissant le principe d'égalité dans les partages, ont aussi introduit un
germe dissolvant pour toute entreprise territoriale, commerciale, financière, industrielle ou maritime, et
amènent fatalement l'éparpillement des fortunes sous toutes leurs formes. Elles condamneraient notre
pays à une infériorité funeste dans l'ordre des intérêts économiques, si l'association ne pouvait parvenir
à regrouper tous les éléments faibles ou isolés, et leur donner la force de l'union. On s'explique donc à
merveille que l'association, et particulièrement les sociétés par actions, aient sollicité si fréquemment
l'attention de nos législateurs.

Depuis le premier janvier 1808, date de la mise à exécution du Code de commerce, où nous voyons
figurer au premier plan (chap. 3e) la loi sur les sociétés, diverses lois y ont apporté successivement des
remaniements nombreux et considérables.

Pour ne parler que des plus notables, nous devons citer celles des 17-23 juillet 1856, 30 mai 1857,
23-29 mai 1863; enfin, et surtout la loi du 24-29 juillet 1867.

A l'occasion de chacun de ces remaniements, on peut constater avec quels soins minutieux nos
pouvoirs publics se sont appliqués à mettre cette loi si considérable de l'association en harmonie avec
les progrès accomplis, et les phénomènes économiques dont ils étaient les témoins, et ce ne sera pas une
de nos moindres satisfactions de constater que la loi de 1867, en permettant aux sociétés par actions de
se former sans l'autorisation du gouvernement, a affirmé ce résultat que plus les nations s'élèvent dans
l'ordre intellectuel et moral, moins il convient que le gouvernement s'impose dans les rapports privés.

Sans doute, la loi de 1867, née de trois systèmes différents, les uns voulant le maintien de l'intervention de l'État, les autres la liberté la plus complète, les autres la réglementation poussée aux plus
extrêmes limites, a été une œuvre de conciliation, et présente par suite, comme cela devait forcément
arriver, plus d'un point obscur dans sa rédaction.

Ces obscurités ont évidemment permis aux faiseurs habiles qui ont l'habitude de jouer avec le Code
pénal, des abus profondément regrettables, et que nos parquets ont eu trop souvent l'occasion de flétrir;
mais il n'en est pas moins indéniable que cette loi a procuré un immense développement aux associations
de capitaux et aux affaires de toutes sortes, en permettant, plus qu'aucune autre forme, d'un côté la
réunion de capitaux disséminés, et de l'autre l'affirmation des aptitudes les plus diverses.

On dira, il est vrai, que les sociétés par actions se sont multipliées au delà des besoins réels de notre
temps; qu'il ne faut voir dans ce fait qu'une réaction des intérêts contre les conséquences du partage
obligatoire; que, par exemple, les établissements industriels étant presque toujours soumis à la mort du
père à une liquidation fatale, tandis que ceux des Sociétés par actions survivaient, il était naturel que les
hommes prévoyants recourussent à cette forme de l'association, même dans les cas fréquents où l'action
individuelle eût été plus féconde. On dira, enfin, que l'esprit d'agiotage a surexcité outre mesure la
formation de ces associations.

Il y a peut-être quelque chose de vrai dans toutes ces observations; mais ce qu'il faudra aussi
forcément reconnaître, c'est que ces associations ont été le point de départ d'immenses entreprises
commerciales ou industrielles, dont un économiste distingué a pu dire que « notre époque avait le droit
de se glorifier ».

C'est donc uniquement vers le perfectionnement de la loi de 1867 que pouvaient et devaient tendre
les études et les efforts de nos législateurs.

Le gouvernement a déposé au Sénat, le 6 décembre 1883, un projet sur les réformes à apporter
à cette loi.

Laborieusement examiné et discuté, ce projet, après diverses modifications, a été adopté dans les
séances des 31 octobre et 29 novembre 1884.

Il a été déposé ensuite le 2 février 1885 à la Chambre des députés.

M. le Garde des sceaux, Ministre de la justice, a bien voulu inviter notre Tribunal à faire connaître

son avis sur ce projet de loi. Votre bienveillance, téméraire peut-être, mais assurément trop grande, m'a désigné pour vous présenter un rapport à ce sujet.

J'ai l'honneur de vous le soumettre aujourd'hui. Je resterai heureux si j'ai pu parvenir à préciser d'une façon suffisante les progrès que le projet de loi introduit, les obscurités ou équivoques qu'il laisse subsister, les lacunes qu'il faudrait y combler.

PROJET DU GOUVERNEMENT (Projet de loi sur les sociétés.)	TEXTE ADOPTÉ PAR LA COMMISSION DU SÉNAT (Projet de loi sur les sociétés par actions.)	TEXTE ADOPTÉ PAR LE SÉNAT et lu à la Chambre des députés. (Projet de loi sur les sociétés par actions.)
TITRE PREMIER Des Sociétés anonymes.	**TITRE PREMIER** Des Sociétés anonymes.	**TITRE PREMIER** Des Sociétés aonnymes.
ARTICLE PREMIER. Les sociétés anonymes peuvent se former sans l'autorisation du gouvernement.	ARTICLE PREMIER. Conforme.	ARTICLE PREMIER. Conforme.
Elles peuvent, quel que soit le nombre des associés, être formées par un acte sous seing privé fait en double original.	Conforme.	Conforme.
Elles sont soumises aux dispositions des articles 29, 30, 32, 33, 34 et 36 du Code de commerce et à celles de la présente loi.	Conforme.	Conforme.
ARTICLE 2. La société ne peut être constituée si le nombre des associés est inférieur à sept.	ARTICLE 2. Conforme.	ARTICLE 2. Conforme.
ARTICLE 3. Les sociétés anonymes ne peuvent diviser leur capital en actions ou coupons d'actions de moins de 100 fr. lorsque le capital n'excède pas 200,000 fr., et de moins de 500 fr. lorsqu'il est supérieur.	ARTICLE 3. Les sociétés anonymes ne peuvent diviser leur capital en actions ou coupures d'actions de moins de 50 fr. lorsque le capital n'excède pas 100,000 fr., de moins de 100 fr. lorsque le capital n'excède pas 200,000 fr., et de moins de 500 fr. lorsqu'il est supérieur.	ARTICLE 3. Les sociétés anonymes ne peuvent diviser leur capital en actions ou coupures d'actions de moins de 50 fr. lorsque le capital n'excède pas 100,000 fr., de moins de 100 fr. lorsque le capital est supérieur à 100,000 fr. et n'excède pas 200,000 fr., et de moins de 500 fr. lorsqu'il est supérieur.
Elles ne peuvent être définitivement constituées qu'après la souscription de la totalité du capital et le versement par chaque actionnaire du quart au moins du montant des actions par lui souscrites.	Elles ne peuvent être définitivement constituées qu'après la souscription de la totalité du capital et le versement « en espèces » par chaque actionnaire du quart au moins du montant des actions par lui souscrites.	Conforme.
Les souscriptions et les versements sont constatés par une déclaration des fondateurs dans un acte notarié; la déclaration indique le lieu où le montant des versements a été déposé.	Conforme.	Conforme.
A cette déclaration sont annexés : la liste des souscripteurs, l'état des versements effectués, l'un des doubles de l'acte de société, s'il est sous seing privé, ou une expédition s'il est notarié, et s'il a été passé devant un notaire autre que celui qui a reçu la déclaration.	Conforme.	Conforme.
L'acte sous seing privé, quel que soit le nombre des associés, est fait en double original, dont l'un est annexé, comme il est dit au paragraphe qui	Quand l'acte de société est fait sous seing privé, l'un des doubles est annexé, comme il est dit au paragraphe qui précède, à la déclaration de sous-	Conforme.

RAPPORT SUR LE PROJET DE LOI

TITRE PREMIER

Des Sociétés anonymes.

ARTICLE PREMIER.

L'article premier permet aux sociétés anonymes de se former sans l'autorisation du gouvernement.

Il est l'affirmation du principe de la liberté de l'association auquel nos législateurs et l'opinion publique se sont ralliés depuis de longues années déjà, et auquel on ne peut que donner l'approbation la plus complète.

ARTICLE 2.

L'article 2 exige, comme l'ancien article 23, le nombre de sept personnes pour constituer une société anonyme.

Cette limite, que l'on a d'abord quelque peine à comprendre, a été empruntée aux législations étrangères, et ne trouve véritablement sa raison d'être que parce que la loi ne saurait permettre à une seule personne de créer une société anonyme, puisque son administrateur échapperait ainsi aux conditions voulues pour l'élection, et à l'économie des prescriptions générales de la loi.

Mais il est certain qu'en dehors de cette raison, rien ne s'opposerait à ce que ce chiffre fût réduit, puisque le nombre des administrateurs peut être fixé à un. Toutefois, au point de vue général de la sécurité des intérêts, ce nombre nous paraît devoir être conservé, et il y aurait plutôt avantage à l'augmenter qu'à le diminuer, de façon qu'une société anonyme naisse aussi complète que possible, et en quelque sorte pourvue dans la plus large mesure de tout ce qui peut assurer son bon fonctionnement, administrateurs, commissaires de surveillance, actionnaires, etc....

ARTICLE 3.

Le Sénat a modifié le projet du gouvernement en permettant aux sociétés anonymes l'abaissement de la division de leur capital en actions ou coupures d'actions de cinquante francs au moins lorsque le capital n'excède pas cent mille francs, de cent francs au moins lorsque le capital n'excède pas deux cent mille francs, et de cinq cents francs au moins lorsqu'il est supérieur; mais il a réservé que ces sociétés ne pouvaient être définitivement constituées qu'après la souscription de la totalité du capital, et le versement *en espèces* par chaque actionnaire du montant des actions par lui souscrites.

Cette question de la division du capital des actions a provoqué à toutes époques les controverses les plus ardentes, et la modification adoptée par le Sénat est le reflet d'idées libérales qui ont prévalu.

On s'était préoccupé de ce que cette subdivision en coupures de cinquante francs pût faciliter l'agiotage sur titres; mais on a dû reconnaître, d'une part, que cette spéculation ne se produit guère sur les actions des sociétés dont le capital est aussi réduit, et que, d'autre part, ces nouvelles facilités de la loi permettraient le développement de petites associations locales qui avaient dû recourir jusqu'ici au mode de société à capital variable. C'était la une cause presque inévitable de discrédit, mais les fondateurs avaient dû la subir parce que, seule, cette forme de l'association permettait la coupure d'action de cinquante francs. D'ailleurs, la précaution fort sage prise par le Sénat d'exiger pour la constitution définitive des sociétés le versement préalable *en espèces* du quart au moins du capital souscrit permettra de protéger les tiers et les actionnaires eux-mêmes, des manœuvres encouragées, peut-être, par une jurisprudence trop indulgente qui avait le grave tort d'autoriser l'admission d'équivalents.

Avec la précision et la netteté sur ce point de la loi nouvelle, ces manœuvres ne pourront plus se reproduire.

PROJET DU GOUVERNEMENT	TEXTE ADOPTÉ PAR LA COMMISSION DU SÉNAT	TEXTE ADOPTÉ PAR LE SÉNAT

récède, à la déclaration de souscription du capital et de versement du quart, et l'autre reste déposé u siège.

cription du capital et de versement du quart, et l'autre déposé au siège social.

ARTICLE 4.

Tout bulletin de souscription d'une société doit ontenir :

1° L'indication sommaire de l'objet de la société;
2° Le montant du capital social ;
3° La partie du capital social représentée par des pports en nature ;
4° La partie du capital à réaliser en espèces ;
5° Les avantages particuliers réservés aux fonateurs ;
6° La date de la publication du projet d'acte de ociété au *Recueil des sociétés*.

Les affiches, prospectus, insertions dans les journaux, circulaires, doivent contenir les mêmes énoniations.

En cas d'omission totale ou partielle des indicaions prescrites par le présent article, la durée de a responsabilité civile ou pénale qui en résulte st limitée à une année à partir de la publication e l'acte constitutif, faite conformément à l'article 65 de la présente loi.

ARTICLE 4.

Conforme.

Conforme.

L'omission totale ou partielle des indications prescrites par le présent article donne lieu à une responsabilité civile ou pénale, siot contre les auteurs de cette omission, soit contre ceux qui leur auront sciemment prêté leur concours. Cette responsabilité est limitée à une année à partir de la publication de l'acte constitutif faite conformément à l'article 65 de la présente loi.

ARTICLE 4.

Tout bulletin de souscription d'une société doit contenir :

1° L'indication sommaire de l'objet de la société;
2° Le montant du capital social ;
3° La partie du capital social représentée par des apports en nature ;
4° La partie du capital à réaliser en espèces ;
5° Les avantages particuliers réservés aux fondateurs ou à toute autre personne ;
6° La date de la publication du projet d'acte de société au bulletin prévu par l'article 63.

Conforme.

Conforme.

ARTICLE 5.

Les actions ne sont négociables qu'après la onstitution définitive de la société.

ARTICLE 5.

Conforme.

ARTICLE 5.

Les actions ne sont ni négociables ni cessibles avant la constitution définitive de la société.

RAPPORT SUR LE PROJET DE LOI

Article 4.

L'article 4 consacre une innovation de la plus haute importance.

Il dispose que tout bulletin de souscription d'une société doit contenir :

1° L'indication sommaire de l'objet de la société ;

2° Le montant du capital social ;

3° La partie du capital social représenté par des apports en nature ;

4° La partie du capital réalisé en espèces ;

5° Les avantages particuliers réservés aux fondateurs ;

6° La date d la publication du projet d'acte de la société au bulletin prévu par l'article 63.

Les affiches, prospectus, insertions dans les journaux, circulaires devront contenir les mêmes énonciations.

L'omission totale ou partielle des indications prescrites par le présent article donne lieu à une responsabilité civile ou pénale, soit contre les auteurs de cette omission, soit contre ceux qui leur auront sciemment prêté leur concours. *Cette responsabilité est limitée à une année à partir de la publication de l'acte constitutif de la société.*

Ces dispositions pourront peut-être choquer les partisans du système de la liberté absolue, mais ceux-là seulement qu'elles gêneront les critiqueront, tandis qu'elles seront particulièrement appréciées par ceux qu'elles ont pour but de défendre.

Il y a en effet, en France, toute une classe d'actionnaires que la loi a encore besoin de protéger d'une façon spéciale contre les personnes trop habiles, toujours disposées à exploiter l'ignorance et l'engouement de la petite épargne. On sait les moyens coupables trop souvent employés pour faire réussir les souscriptions, les annonces exagérées des fondateurs, etc., etc. Ceux qui se laisseront tromper désormais en ayant sous les yeux les documents que la loi nouvelle exige seront vraiment moins dignes d'intérêt.

Le Sénat, en accentuant les dispositions pénales prévues par le projet du gouvernement, a voulu certainement donner une satisfaction à l'opinion publique, en comprenant dans les mêmes responsabilités civiles ou pénales, soit les auteurs des infractions commises, soit ceux qui leur auront sciemment prêté leur concours.

Mais en consentant à limiter cette responsabilité à une année, à partir de la publication de l'acte constitutif de la société, il a perdu de vue, selon nous, que ce délai sera le plus souvent insuffisant.

Supposons, en effet, que les fondateurs d'une société soient à l'avance désignés par les statuts comme administrateurs, avec cette stipulation formelle que leur nomination ne sera point soumise à l'assemblée générale. Que se passera-t-il s'ils négligent l'observation des prescriptions de l'article 4 ? N'ayant à rendre compte de leur mandat qu'à la fin du premier exercice, c'est-à-dire un an après la constitution de la société, les contraventions, les fraudes mêmes, qui auraient pu être commises lors de cette constitution et passer inaperçues jusqu'à cette première réunion, jouiront du bénéfice de la prescription si on ne les découvrait que postérieurement.

Nous croyons donc absolument utile d'augmenter la durée de la responsabilité et de n'y mettre fin qu'après l'approbation du deuxième inventaire par l'assemblée générale, et alors nous proposerons en conséquence la rédaction suivante :

« *Cette responsabilité cessera après l'approbation du deuxième inventaie annuel.* »

Article 5.

L'article 5, en exigeant que les actions restent nominatives jusqu'à leur entière libération, est un retour à la loi du 23 mai 1863, article 3, § 3, comme la condition de ne pouvoir être converties en actions

PROJET DU GOUVERNEMENT	TEXTE ADOPTE PAR LA COMMISSION DU SÉNAT	TEXTE ADOPTÉ PAR LE SÉNAT
Elles sont nominatives jusqu'à leur entière libération.	Conforme.	Conforme.
Toute action libérée peut être convertie en action au porteur, si les statuts autorisent la conversion, et en se conformant aux conditions qu'ils établissent.	Conforme.	Conforme.

ARTICLE 6.	ARTICLE 6.	ARTICLE 6.
Les souscripteurs et les cessionnaires intermédiaires sont responsables avec les titulaires du montant de l'action.	Les titulaires, les cessionnaires intermédiaires et les souscripteurs sont responsables chacun pour le tout du montant de l'action.	Conforme.
Le souscripteur et les cessionnaires ne peuvent être appelés isolément ou concurremment que dans l'instance engagée contre le titulaire, en payement des versements non effectués.	Conforme.	Conforme.
	Dans tous les cas, l'exploit introductif d'instance doit contenir, sous peine de nullité, l'indication des noms et du domicile du souscripteur primitif de l'action et des divers cessionnaires intermédiaires avec la date des transferts.	Conforme.
	Toute partie appelée dans l'instance a le droit d'exiger la date des transferts.	Toute partie appelée dans l'instance a le droit d'exiger la communication du registre des transferts.
Tout souscripteur ou actionnaire qui a cédé son titre n'est plus responsable, deux ans après le transfert, des versements non effectués.	Tout souscripteur ou actionnaire qui a cédé son titre, cesse d'être responsable des versements non effectués deux ans après la constitution définitive de la société, quand la cession est antérieure, et deux ans après la cession, quand celle-ci est postérieure.	Tout souscripteur ou actionnaire qui a cédé ou négocié son titre, cesse d'être responsable des versements non effectués, deux ans après la cession ou la négociation.

ARTICLE 7.	ARTICLE 7.	ARTICLE 7.
Les apports en nature peuvent être représentés par des actions libérées, soit en totalité, soit en partie.	Les apports en nature ne peuvent être représentés que par des actions libérées en totalité.	Conforme.
Dans ce dernier cas les apports peuvent, en vertu des statuts, servir à la libération partielle des actions et être imputés, soit sur le versement du premier quart, soit sur les versements ultérieurs.	Ces actions ne peuvent être détachées de la souche et ne sont négociables que deux ans après la constitution définitive de la société.	Conforme.
	Pendant ce temps elles devront, à la diligence des administrateurs, être frappées d'un timbre, indiquant leur nature et la date de cette constitution.	Conforme.

RAPPORT SUR LE PROJET DE LOI

au porteur qu'après libération, est empruntée à celle du 17 juillet 1856, article 2. Ce sont là des clauses restrictives auxquelles il convient de donner notre approbation en ce qu'elles tendent à moraliser la constitution des sociétés anonymes et à paralyser tout agiotage sur des valeurs qui légalement n'existent pas encore. Mais nous aurons à revenir, à l'article 7, sur les précautions à prendre pour que ces *actions libérées du quart en espèces* ne puissent être confondues avec les *actions nominatives libérées, attribuées aux fondateurs pour apports en nature,* ces dernières ne devant dans aucun cas être jetées sur le marché au lendemain de la constitution des sociétés.

ARTICLE 6.

L'article 6 apporte à la loi de 1867 cette modification qu'à l'avenir les titulaires, les cessionnaires intermédiaires et les souscripteurs sont responsables *chacun pour le tout* du montant de l'action, sous la seule restriction que le souscripteur ou actionnaire qui a cédé son titre cesse d'être responsable des versements non effectués deux ans après la cession.

Si l'on considère les conditions de formation les plus générales des sociétés anonymes, les rapports qui s'en dégagent entre fondateurs et actionnaires, et enfin la sécurité que ces sociétés doivent offrir aux tiers qui n'ont pour ainsi dire devant eux, à la première heure, que le capital énoncé pour répondre à leur confiance, on doit approuver les modifications si précises apportées par le Sénat au projet de loi du gouvernement.

Sans revenir aux restrictions trop absolues de la loi de 1856, qui obligeaient seul le souscripteur primitif au paiement intégral du montant total des actions par lui souscrites, même après qu'il les avait cédées, on arrêtera néanmoins les négociations scandaleuses qui se produisaient sur des titres dont la valeur était trop souvent aléatoire, en imposant une responsabilité personnelle de deux années aux spéculateurs qui ne verraient dans la constitution d'une affaire qu'une prime à gagner. Il est absolument moral que les fondateurs d'une société demeurent responsables pendant ce délai minimum de deux ans et que les cessionnaires qu'ils se substituent soient à leur tour responsables pendant les mêmes délais.

ARTICLE 7.

Cet article a été pour le Sénat l'occasion d'une modification profonde apportée au texte primitif du gouvernement, et il est nécessaire de le mettre en parallèle avec celui qui a été adopté pour en faire ressortir les différences.

PROJET DU GOUVERNEMENT.	TEXTE ADOPTÉ.
Les apports en nature peuvent être représentés par des actions libérées, soit en totalité, soit en partie.	Les apports en nature ne peuvent être représentés que par des actions libérées en totalité.
Dans ce dernier cas, les apports peuvent, en vertu des statuts, servir à la libération partielle des actions et être imputés, soit sur le versement du premier quart, soit sur les versements ultérieurs.	Ces actions ne peuvent être détachées de la souche, et ne sont négociables que deux ans après la constitution définitive de la société.
	Pendant ce temps elles devront, à la diligence des administrateurs, être frappées d'un timbre indiquant leur nature et la date de cette constitution.

Le Sénat, en précisant que les apports en nature ne pouvaient être représentés que par des actions *libérées en totalité,* et en refusant d'admettre que ces apports puissent servir à la libération partielle d'actions souscrites, s'est montré logique avec les nouvelles dispositions des articles 3 et 4.

Le passé nous enseigne, en effet, combien il est prudent de distinguer sur les titres, lors de la formation des sociétés, l'origine des actions. Il n'y a aucun inconvénient à ce qu'un souscripteur qui a payé en argent son action en ait la libre disposition; mais on conçoit que nos législateurs veuillent retenir les fon-

PROJET DU GOUVERNEMENT	TEXTE ADOPTÉ PAR LA COMMISSION DU SÉNAT	TEXTE ADOPTÉ PAR LE SÉNAT
ARTICLE 8.	ARTICLE 8.	ARTICLE 8.
Les avantages consentis aux fondateurs peuvent être représentés par des titres cessibles ou négociables.	Les avantages consentis aux fondateurs ou à toute autre personne peuvent être représentés par des titres cessibles ou négociables.	Conforme.
	Ces titres ne donnent droit qu'à une part dans	Conforme.

RAPPORT SUR LE PROJET DE LOI

dateurs d'une opération dans le lien avec lequel ils enchaînent eux-mêmes les souscripteurs qu'ils sollicitent, jusqu'à ce que les résultats de deux années aient sanctionné la valeur attribuée aux *apports en nature,* et, ainsi que nous l'avons dit à l'article 5, il est indispensable que l'action représentant l'apport en nature ne puisse être confondue et jetée sur les marchés avant l'expiration des délais prescrits. Il était indispensable, en effet, de réagir contre les agissements des industriels ou financiers trop habiles qui savaient transmettre au public confiant les établissements dont ils étaient embarrassés, en leur cédant les titres reçus en paiement de leurs apports, titres sur lesquels ils trouvaient toujours le moyen d'entretenir une hausse factice jusqu'à leur complet placement.

Mais si nous devons approuver sans réserve le but de cet article, nous croyons qu'il est nécessaire d'en modifier et d'en préciser plus exactement les termes.

Et d'abord pourquoi, au lieu de frapper ces actions d'un timbre indiquant leur nature, ne pas leur donner nettement le titre « d'actions d'apport de fondateur », en y rappelant la disposition de la loi prescrivant qu'elles ne sont négociables que deux ans après la constitution définitive de la société? Les administrateurs seraient ainsi protégés eux-mêmes contre l'omission possible de l'apposition d'un timbre. Cela aurait en outre comme conséquence d'indiquer nettement au public, lors de la mise en circulation des titres :

1° Les actions provenant de souscripteurs ayant versé en espèces. (Art. 3 et 4 de la loi.)
2° Les actions d'apport de fondateurs. (Art. 7 de la loi.)
3° Les actions de jouissance des fondateurs. (Art. 8 de la loi.)

Ces distinctions une fois établies, il deviendra vraiment difficile que des tiers puissent se laisser surprendre.

Mais, après avoir proposé ces modifications à leur profit, ne devons-nous pas songer à l'intérêt également respectable des fondateurs? Ne devons-nous pas dire, avec l'honorable rapporteur de la loi de 1867, M. Mathieu, « qu'une société par actions peut s'imposer à un manufacturier, à un chef d'indus- » trie que l'âge ou les circonstances mettront dans la nécessité d'alléger le fardeau qui pèse sur lui, et que, » voulant faire loyalement un apport de son usine ou de son industrie, il peut attendre la bienveillance » du législateur, qui doit sauvegarder tous les intérêts avec la même prévoyance »?

La restriction de ne pouvoir détacher les actions de la souche que *deux ans après la constitution définitive de la société* nous semble dépasser la mesure de la protection tutélaire que nous devons trouver égale pour tous dans la loi. Pourquoi mettre cet industriel en suspicion en immobilisant son actif à la souche? Pourquoi le priver de se servir de cet actif selon que les circonstances le lui imposeront, soit pour en faire l'objet d'un nantissement par exemple, soit pour en faire l'objet d'un partage entre ses enfants? L'essentiel n'est-il pas que les actions ne soient négociables ou cessibles à des tiers que deux ans après la constitution définitive de la société? Sans oser prétendre à résoudre cette délicate question, nous la signalons à l'attention du législateur avec l'espérance qu'il sera possible de concilier les deux intérêts en présence.

Nous demanderons toutefois une modification au texte du Sénat :

En fixant à deux années l'interdiction de la négociation des titres d'apport, il est évidemment entré dans la pensée de la Commission de laisser affirmer la valeur de ces apports par le fonctionnement de la société pendant pendant deux années, *fonctionnement qui ressortira nécessairement des inventaires annuels prescrits à l'article 26.*

Nous voudrions donc que la prescription de ces deux années s'entendît *après que deux inventaires annuels effectués* et approuvés en assemblée générale auront témoigné de la marche de la société.

Article 8.

L'article 8 dispose :

« Les avantages consentis aux fondateurs ou à toute autre personne peuvent être représentés par » des titres cessibles ou négociables.

» Ces titres ne donnent droit qu'à une part dans les bénéfices, lesquels, sauf stipulation contraire, » sont calculés après prélèvement d'un intérêt de 5 0/0 au moins au profit des actions.

PROJET DU GOUVERNEMENT	TEXTE ADOPTÉ PAR LA COMMISSION DU SÉNAT	TEXTE ADOPTÉ PAR LE SÉNAT
	les bénéfices, lesquels, sauf stipulation contraire, sont calculés après prélèvement d'un intérêt de 5 0/0 au moins au profit des actions.	Doit être considéré comme bénéfice, l'actif distribuable au moment de la liquidation après le remboursement du capital aux actionnaires.
ARTICLE 9.	**ARTICLE 9.**	**ARTICLE 9.**
Une assemblée générale est convoquée à la diligence des fondateurs postérieurement à l'acte qui constate la souscription du capital.	Conforme.	Une assemblée générale est convoquée à la diligence des fondateurs postérieurement à l'acte qui constate la souscription du capital social et le versement du quart de ce capital.
Cette assemblée vérifie la sincérité de cet acte.	Conforme.	Conforme.
Si la demande en est faite par le quart des actionnaires présents, la sincérité de la déclaration des fondateurs est soumise à l'appréciation d'un ou de trois experts nommés par le président du tribunal de commerce.	Si la demande en est faite par le quart des actionnaires présents, la sincérité de la déclaration des fondateurs est soumise à l'appréciation d'un ou de trois experts nommés par le président du tribunal de commerce du lieu où le montant des versements a été déposé.	Conforme.
Le rapport de ces experts est imprimé et distribué à chaque actionnaire, dix jours avant la réunion qui doit statuer.	Conforme.	Le rapport de ces experts est imprimé et distribué à chaque actionnaire, dix jours au moins avant la réunion qui doit statuer.

RAPPORT SUR LE PROJET DE LOI

« Doit être considéré comme bénéfice l'actif distribuable au moment de la liquidation après rembour-
» sement du capital aux actionnaires. »

Comme à l'occasion de l'article 7, nous demanderons des modifications à cette rédaction, qui nous paraît créer une inégalité choquante entre les facultés réservées aux fondateurs pour leurs apports en nature, et aux fondateurs pour les avantages particuliers qui peuvent leur être consentis.

Pourquoi accorder aux uns la possibilité de négociation des titres et la refuser aux autres? Les situations ne sont-elles pas les mêmes dans les deux cas? Ne faut-il pas imposer les mêmes restrictions aux uns et aux autres, puisqu'elles se justifient par les mêmes considérations?

Il y a lieu, en outre, d'éviter les confusions qui peuvent se produire entre ces diverses catégories de titres.

Nous proposerions donc la rédaction suivante :

« Les avantages consentis aux fondateurs ou à toute autre personne peuvent être représentés par des actions.
» Ces actions sont dénommées : *Actions de jouissance de fondateur.*
» Elles ne seront négociables que deux ans après la constitution définitive de la société, c'est-à-dire *après le deuxième inventaire
» prescrit par l'article 26 et approuvé en assemblée générale.*
» Cette condition sera inscrite sur le titre lui-même, immédiatement au-dessous de la somme.
» Ces actions ne donneront droit qu'à une part dans les bénéfices, lesquels, sauf stipulation contraire, sont calculés après prélè-
» vement d'un intérêt de 5 0/0 au moins au profit des actions.
» Doit être considéré comme bénéfice l'actif distribuable au moment de la liquidation, après remboursement du capital aux
» actionnaires.
» Dans aucun cas ces actions de jouissance de fondateur ne pourront être comprises dans l'énonciation du montant du capital
» social prévu par l'article 4. »

Article 9.

L'article 9 veut régler la question la plus grave afférente à la constitution des sociétés anonymes, celle de la vérification des versements et des apports.

De l'aveu même de l'honorable rapporteur, il le laisse soucieux de savoir si les nouvelles dispositions réussiront à remédier aux fraudes, aux abus, dont le projet de loi actuel tend à empêcher le retour.

Après avoir dit :

« La Commission extra-parlementaire voulait absolument que ces espèces soient nombrées; mais où
» les déposer? Dans une caisse publique? Le représentant de la Caisse des dépôts et consignations, qui
» faisait partie de cette Commission, a déclaré qu'il ne voulait pas de ces dépôts parce que au moment
» du retrait, soit que la société se constitue, soit qu'elle ne se constitue pas, il naîtrait une foule de diffi-
» cultés. Près de lui siégeait le représentant de la Banque de France; il a dit, à son tour : « Pour les
» mêmes raisons je ne veux pas de ces dépôts. » De telle sorte que, dans la pratique, ce qui s'est passé va
» continuer à se passer; c'est qu'un dépositaire déclarera avoir reçu le quart du capital nécessaire à la
» constitution de la société. »

Il conclut ainsi :

« Existe-t-il, Messieurs, des moyens de déjouer cette manœuvre? Nous en avons cherché, et nous
» avons dû reconnaître notre impuissance. Si quelqu'un de vous en connaît un, nous serions très heureux
» qu'il voulût bien nous le donner. »

S'il fallait finalement faire avec l'honorable M. Bozérian aveu d'impuissance, et si réellement on ne pouvait arriver à affirmer la sécurité du versement effectif du quart exigé *en espèces* par l'article 3, les sages dispositions de cet article perdraient singulièrement de leur importance; mais nous espérons qu'il n'en est pas ainsi.

Dans l'intérêt même du crédit des sociétés anonymes, il faut rechercher pour elles le moyen de donner une complète sécurité aux tiers comme aux actionnaires sur la sincérité des opérations. Or :

Il y a une souscription ouverte.

Les souscriptions sont nominatives.

Le souscripteur reste responsable de sa souscription deux ans après la cession de son titre.

PROJET DU GOUVERNEMENT	TEXTE ADOPTÉ PAR LA COMMISSION DU SÉNAT	TEXTE ADOPTÉ PAR LE SÉNAT

ARTICLE 10.

Lorsqu'un associé fait un apport qui ne consiste pas en espèces, ou stipule à son profit des avantages particuliers, la première assemblée générale nomme des commissaires à l'effet d'apprécier la valeur de l'apport ou la cause des avantages stipulés. La société ne peut être définitivement constituée qu'après l'approbation de l'apport ou des avantages donnée par une autre assemblée générale après une nouvelle convocation.

ARTICLE 10.

La première assemblée générale nomme des commissaires à l'effet d'apprécier la valeur des apports qui ne consistent pas en espèces, ou la cause et l'importance des avantages stipulés.

La société ne peut être définitivement constituée qu'après l'approbation des apports ou des avantages donnée par une autre assemblée générale, après une nouvelle convocation.

ARTICLE 10.

Conforme.

Conforme.

ARTICLE 11.

La seconde assemblée générale ne peut statuer sur l'approbation de l'apport ou des avantages qu'après un rapport fait par les commissaires nommés dans la première assemblée.

Ce rapport est imprimé et tenu à la disposition des actionnaires cinq jours au moins avant la réunion de cette assemblée.

Si la demande en est faite par le quart des actionnaires présents à la seconde assemblée, ce rapport est soumis à l'appréciation d'un ou de trois experts nommés par le président du tribunal de commerce du siège de la société.

ARTICLE 11.

La seconde assemblée générale ne peut statuer sur l'approbation des apports ou des avantages qu'après un rapport fait par les commissaires nommés dans la première assemblée.

Des exemplaires de ce rapport sont tenus à la disposition des actionnaires cinq jours au moins avant la réunion de cette assemblée.

Cette assemblée, composée comme il est dit à l'article 21, peut accepter toute réduction consentie sur l'évaluation des apports ou sur les avantages stipulés.

ARTICLE 11.

Conforme.

Conforme.

Conforme.

RAPPORT SUR LE PROJET DE LOI

Le versement du quart en espèces est exigé pour la constitution de la société.

Pourquoi donc la Banque de France se refuserait-elle à recevoir la souscription, comme le versement, puisque ces opérations correspondent évidemment à une action individuelle? Pourquoi n'admettrait-elle pas une opération de dépôt à *un titre prévu par la loi,* alors qu'elle en reçoit quotidiennement à tous autres titres? Pourquoi, à son défaut, la Caisse des dépôts et consignations ou toute autre caisse publique spécialement désignée par un règlement d'administration ne recevrait-elle pas ces dépôts?

On objecte les difficultés de retrait:

Elles nous semblent plus apparentes que réelles. De deux choses l'une, ou une société n'est pas définitivement constituée dans le délai prévu par le bulletin de souscription, et alors le souscripteur a tout naturellement qualité pour le retirer lui-même; ou au contraire la société est constituée, et il suffit de décider dans ce cas que, quinze jours après sa publication au « recueil officiel des actes de délibération des sociétés » prévu à l'article 63, les administrateurs auront seuls qualité pour opérer le retrait des dépôts, si aucune opposition n'a été signifiée dans cet intervalle par le souscripteur au dépositaire. Ce dernier sera valablement libéré par la justification authentique des pouvoirs de l'administrateur.

Très subsidiairement, et si nos législateurs ne voulaient pas entrer dans cette voie, nous proposerions au moins de dire que:

« Le dépositaire qui déclarera avoir reçu *en espèces* le quart du capital nécessaire à la constitution de la société, sera rendu » responsable et tenu envers les tiers de l'exactitude de sa déclaration, sans qu'aucun équivalent puisse être admis. »

Il nous paraît en effet nécessaire d'assurer, *par tous les moyens possibles,* la sécurité absolue de la sincérité du versement effectif du quart en espèces, et le contrôle d'une expertise ne nous apparaît pas plus qu'à l'honorable M. Bozérian présenter les garanties suffisantes.

Quant à la vérification des apports, elle impose à un plus haut degré encore, selon nous, la nécessité des précautions les plus complètes; car c'est surtout à l'occasion de leur estimation que les fraudes les plus scandaleuses se sont produites.

Article 10.

L'article 10 présente des obscurités qu'il nous semble indispensable de faire disparaître.

Comment seront choisis les commissaires qui auront pour mandat « d'apprécier la valeur des apports » qui ne consistent pas en espèces, ou la cause de l'importance des avantages stipulés? » Sera-ce seulement parmi les membres de l'assemblée? Pourront-ils au contraire être choisis au dehors? Combien seront-ils? Autant de points incertains. Il y aurait évidemment le plus sérieux intérêt à les choisir parmi les souscripteurs; mais comme il ne sera pas toujours possible d'y rencontrer les aptitudes nécessaires, il nous paraît utile de préciser les facultés qu'auront à ce sujet les assemblées et de modifier le premier paragraphe de l'article 10 comme suit:

« La première assemblée générale nomme un ou trois commissaires, *associés ou non,* à l'effet d'apprécier la valeur des apports » qui ne consistent pas en espèces, ou la cause des avantages stipulés. »

Article 11.

L'article 11 prescrit que la seconde assemblée générale ne peut statuer sur l'approbation de ces apports ou avantages qu'après un rapport fait par ses commissaires et réserve, comme pour la vérification du versement en espèces (article 9), que:

« Dans tous les cas, si le quart des actionnaires présents le demande, il doit être procédé à la vérification de la valeur des apports, » ainsi que de la cause et de l'étendue des avantages, par un ou trois experts désignés contradictoirement avec un délégué des récla- » mants par le président du tribunal de commerce du lieu du siège social. »

Cette disposition si sage a été l'objet de critiques assez vives.

On a pensé que la situation des commissaires vérificateurs deviendrait fort délicate si les expert nommés après le dépôt venaient à affirmer que les appréciations qu'ils ont faites sont inacceptables; qu serait préférable que l'expertise précédât obligatoirement ce rapport.

PROJET DU GOUVERNEMENT	TEXTE ADOPTÉ PAR LA COMMISSION DU SÉNAT	TEXTE ADOPTÉ PAR LE SÉNAT
Leur rapport est imprimé et distribué à chaque actionnaire dix jours au moins avant la réunion de l'assemblée qui doit statuer.	Dans tous les cas, si le quart des actionnaires présents le demande, il doit être procédé à la vérification de la valeur des apports, ainsi que de la cause et de l'étendue des avantages par un ou trois experts désignés contradictoirement avec un délégué des réclamants par le président du tribunal de commerce du lieu du siège social.	Conforme.
L'assemblée générale peut accepter une réduction sur la valeur des apports ou sur les avantages particuliers, si les statuts l'y autorisent.		
Les associés qui ont fait l'apport ou stipulé des avantages particuliers soumis à l'appréciation de l'assemblée, n'ont pas voix délibérative.	L'expertise est poursuivie aux frais de la société, à la requête de la partie la plus diligente.	Conforme.
	Les associés appelés à profiter des dispositions des articles 7 et 8 ne comptent pas pour le nombre des actionnaires présents, et n'ont pas voix délibérative dans les assemblées prévues par le présent article et par l'article 10.	Conforme.

ARTICLE 12.	ARTICLE 12.	ARTICLE 12.
A défaut d'approbation, la société reste sans effet à l'égard de toutes les parties.	Conforme.	Conforme.
L'approbation ne fait pas obstacle à l'exercice ultérieur de l'action qui peut être intentée pour cause de dol ou de fraude.	Conforme.	Conforme.
Sur la demande d'actionnaires représentant le vingtième au moins du capital social, ceux des associés qui ont fait des apports en nature peuvent, pendant trois ans, à partir de la constitution de la société, même quand ils ont cédé leurs titres, être condamnés à des dommages-intérêts envers elle, s'il est établi que la valeur des apports n'atteignait pas la moitié de leur évaluation. Cette action ne peut pas être exercée par les créanciers sociaux.	Supprimé.	

ARTICLE 13.	ARTICLE 13.	ARTICLE 13.
Les dispositions des articles 10, 11 et 12, paragraphe 1, ne sont pas applicables au cas où la société à laquelle sont faits les apports en nature est formée entre ceux seulement qui en étaient propriétaires par indivis.	Les dispositions des articles 10, 11 et 12, paragraphe 1, ne sont pas applicables au cas où la société à laquelle sont faits les apports en nature est formée entre ceux seulement qui en étaient propriétaires.	Conforme.
	En ce cas, les actions représentatives d'un capital versé en espèces, comme les actions représentatives d'apports en nature, ne sont négociables que dans les conditions prévues par l'article 7.	Supprimé.
Toutefois, les cessionnaires peuvent exercer contre eux les actions prévues à l'article 12, paragraphes 1 et 3, dans les conditions qui y sont déterminées.	Supprimé.	Toutefois, la société ne pourra être valablement constituée qu'après qu'il aura été procédé à la vérification de la valeur des apports et de l'étendue des avantages par trois experts désignés par le président du tribunal de commerce du lieu du siège social, à la requête des fondateurs; ceux-ci devront se conformer aux appréciations des experts.
		Dans le cas prévu par le présent article, les actions représentatives d'un capital versé en espèces par les apporteurs comme les actions représentatives en nature ne sont négociables que dans les conditions prévues par l'article 7.

RAPPORT SUR LE PROJET DE LOI

Nous ne saurions partager cette opinion.

Il faut la société anonyme honorable, libre, respectueuse de la loi; mais aucune intervention d'une autorité quelconque ne doit se placer entre les fondateurs et les futurs associés si on ne veut revenir d'une façon déguisée au système de l'autorisation.

Aucun contrôle ne saurait être plus efficace que celui de commissaires choisis parmi les souscripteurs; mais il est bien, nonobstant, que ces commissaires sachent que sur une demande de l'assemblée générale leur rapport pourra être soumis à la vérification d'experts, désignés, cette fois, par la justice.

Les appréhensions qui doivent se dégager naturellement de cette situation les protègeront, si cela était nécessaire, de complaisances coupables vis-à-vis des fondateurs.

ARTICLE 12

A l'occasion de l'article 12, le Sénat a fait au projet du gouvernement une suppression importante en refusant d'admettre que nonobstant l'approbation de la vérification, désormais entourée des sécurités que nous venons d'indiquer, il pût être loisible aux actionnaires d'exercer pendant trois ans, à partir de la constitution de la société, une action en dommages et intérêts contre les fondateurs, *s'il était établi que la valeur des apports n'atteignait pas la moitié de leur évaluation.*

Une telle disposition n'encouragerait-elle pas tacitement, d'une part, les majorations à concurrence de 50 0/0, majorations que l'on ne saurait trop énergiquement réprouver, et, d'autre part, les actions de chantage dont il faut aussi se préoccuper, et contre lesquelles la loi ne saurait également trop protéger les fondateurs?

Nous espérons et demeurons convaincus que devant le Corps législatif cette disposition ne sera pas reproduite, car elle aurait des conséquences profondément regrettables.

ARTICLE 13.

L'article 13 qui rappelle dans son premier paragraphe les dispositions du huitième paragraphe de l'article 4 de la loi de 1867, énonce que les prescriptions des articles 10, 11, 12, que nous venons d'analyser, ne sont pas applicables au cas où la Société à laquelle sont faits les apports en nature est formée entre ceux seulement qui en étaient propriétaires.

Cette restriction est absolument équitable.

Le gouvernement avait voulu cependant introduire ici encore les dispositions comminatoires que nous venons de signaler à l'article 12.

Le Sénat s'est montré logique en les repoussant également.

Le rapporteur de la loi de 1867 disait :

« Il n'y a pas dans ce cas d'actionnaires appelés et qui, trompés par de fausses apparences, acceptent » en aveugles des apports ou des stipulations qu'ils n'ont ni connus ni contrôlés; l'absence d'approbation » tient uniquement à l'absence même de l'élément intéressé à exercer le contrôle. »

Cependant, comme il est arrivé que des hommes de mauvaise foi se sont servis de cette combinaison pour échapper à toute vérification et jeter sans entraves, au lendemain de la constitution de leur société, leurs actions sur le marché, le Sénat a judicieusement ajouté au projet du gouvernement la condition que les actions des sociétés ainsi constituées ne seraient négociables ou cessibles que dans les conditions restrictives prévues par l'article 7.

Nous demanderons naturellement à cette occasion que ces conditions soient celles ressortant du texte que nous avons proposé lors de l'examen de cet article, c'est-à-dire que l'on n'impose pas à ces fondateurs l'obligation de laisser le titre à la souche.

Nous y serons d'autant plus fondés que le Sénat, cédant en seconde lecture du projet aux instances très vives de l'honorable M. Denormandie, a consenti à imposer un préalable à la constitution des sociétés fondées entre propriétaires.

PROJET DU GOUVERNEMENT	TEXTE ADOPTÉ PAR LA COMMISSION DU SÉNAT	TEXTE ADOPTÉ PAR LE SÉNAT

ARTICLE 14.

PROJET DU GOUVERNEMENT

Les sociétés anonymes sont administrées par un ou plusieurs mandataires à temps, révocables, salariés ou gratuits, pris parmi les associés.

Ces mandataires peuvent choisir parmi eux un directeur, ou, si les statuts le permettent, se substituer un mandataire étranger à la société et dont ils sont responsables envers elle.

TEXTE ADOPTÉ PAR LA COMMISSION DU SÉNAT

Les sociétés anonymes sont administrées par un ou plusieurs mandataires à temps, salariés ou gratuits, pris parmi les associés.

Ces mandataires peuvent déléguer l'un d'eux pour la direction de la société, ou, si les statuts le permettent, choisir un directeur étranger à la société, dont ils sont responsables envers elle.

TEXTE ADOPTÉ PAR LE SÉNAT

Conforme.

Ces mandataires peuvent choisir parmi eux un directeur, ou, si les statuts le permettent, se substituer un mandataire étranger à la société et dont ils sont responsables envers elle.

ARTICLE 15.

PROJET DU GOUVERNEMENT

L'assemblée générale convoquée conformément à l'article 9 nomme les administrateurs, et pour la première année les commissaires.

Ces administrateurs ne peuvent être nommés pour plus de six ans; ils sont rééligibles, sauf stipulation contraire.

Toutefois, ils peuvent être désignés par les statuts, avec stipulation formelle que leur nomination ne sera point soumise à l'approbation de l'assemblée générale. En ce cas, ils ne peuvent être nommés pour plus de trois ans.

Le procès-verbal de la séance constate l'acceptation des administrateurs ou commissaires présents à la réunion.

TEXTE ADOPTÉ PAR LA COMMISSION DU SÉNAT

Conforme.

Conforme.

Conforme.

Conforme.

Les administrateurs sont toujours révocables.

TEXTE ADOPTÉ PAR LE SÉNAT

Conforme.

Conforme.

Conforme.

Supprimé.

Conforme.

ARTICLE 16.

PROJET DU GOUVERNEMENT

La société est constituée à partir de l'acceptation des administrateurs et des commissaires sous la réserve suivante :

Les commissaires doivent, immédiatement après leur nomination, vérifier si toutes les dispositions contenues dans les articles qui précèdent ont été observées; s'ils constatent l'inobservation d'une ou de plusieurs de ces dispositions, ils doivent, avant qu'aucune opération sociale ait été commencée, mettre les administrateurs en demeure de s'y conformer et de convoquer à bref délai la réunion d'une assemblée générale à laquelle il sera rendu compte et demandé une approbation nouvelle : dans ce cas, la société n'est définitivement constituée qu'après cette approbation.

TEXTE ADOPTÉ PAR LA COMMISSION DU SÉNAT

Conforme.

TEXTE ADOPTÉ PAR LE SÉNAT

La société est constituée à partir de l'acceptation des administrateurs et des commissaires, constatée, soit par le procès-verbal de l'assemblée réunie en vertu de l'article 15, soit par un acte passé devant notaire, sous la réserve suivante :

Conforme.

RAPPORT SUR LE PROJET DE LOI

Il les soumet en effet à l'expertise obligatoire de la valeur des apports par trois experts désignés par le président du tribunal de commerce.

Le Sénat s'est, dans cette circonstance, départi du principe de liberté qu'il a voulu réserver aux parties contractantes à l'occasion de l'article 11.

Cette mesure, très vivement discutée, est évidemment inspirée par un désir extrême de réaction contre les abus signalés ; mais il nous semble qu'on est allé bien loin, et nous eussions préféré, avec l'honorable M. Bozérian, que cette addition n'eût pas été faite au projet adopté en première lecture.

ARTICLES 14, 15.

Les articles 14 et 15 reproduisent les anciennes dispositions des articles 22 et 25 sur l'administration de la société, la nomination des premiers administrateurs et des commissaires par l'assemblée générale.

En seconde lecture, le deuxième paragraphe du projet présenté par la commission du Sénat a donné lieu à de fort longues discussions ; leur seul but était de préciser sans équivoque la responsabilité des administrateurs dans le cas où ils se substitueraient un mandataire étranger à la société.

Le Sénat a cru ne pouvoir mieux faire que de revenir à l'ancien texte de la loi de 1867, ainsi conçu :

« Ces mandataires peuvent choisir parmi eux un directeur, ou, si les statuts le permettent, se » substituer un mandataire étranger à la société et dont ils sont responsables envers elle. »

Ce qui se dégage de la discussion, c'est que l'on cherchait à établir une distinction dans l'ordre des responsabilités ci-après définies :

1° Dans le cas où les administrateurs choisissent parmi eux un délégué, ils n'encourent pas d'autres responsabilités que celles du droit commun ;

2° Dans le cas où ils se substituent un mandataire étranger, ils deviennent responsables envers elle.

Cette distinction des responsabilités est de toute justice, il faut le reconnaître ; car on ne saurait admettre que des administrateurs nommés parce qu'ils sont investis de la confiance des assemblées générales puissent se substituer un étranger qui agira en leur lieu et place, sans que cette substitution soit couverte par leur responsabilité personnelle.

En revenant au texte de 1867, il nous semble que l'on n'a pas donné satisfaction aux préoccupations énoncées. Les commentateurs de la loi se sont en effet également divisés sur l'interprétation à lui donner. Selon nous, toute équivoque cesserait si l'on disait :

« Ces mandataires peuvent déléguer l'un d'eux pour l'administration de la société.
» Si les statuts le permettent, ils pourront même se substituer un mandataire étranger à la société.
» Dans ce dernier cas, ils en demeureront responsables envers elle. »

ARTICLE 16.

L'article 16 renferme une innovation qui ne manque pas de gravité. Aux termes des nouvelles dispositions qu'il énonce, « les commissaires doivent, immédiatement après leur nomination, vérifier si » toutes les dispositions contenues dans les articles qui précèdent ont été observées. S'ils constatent » l'inobservation d'une ou plusieurs de ces dispositions, ils doivent, avant qu'aucune opération sociale ait » été commencée, mettre les administrateurs en demeure de s'y conformer, et convoquer à bref délai la » réunion d'une assemblée générale à laquelle il sera rendu compte et demandé une approbation » nouvelle. »

Il n'est pas sans inconvénient de transformer ainsi le rôle des commissaires en une action de ministère public.

Tous ceux qui ont eu l'occasion de s'occuper de la constitution de sociétés anonymes, ou de leur fonctionnement intérieur, savent combien il est difficile d'obtenir la collaboration de commissaires dont les fonctions sont presque toujours gratuites.

Si on ajoute à leur mandat déjà lourd des obligations dont l'inobservation peut entraîner la nullité de la société, et engager conséquemment leur responsabilité conformément aux règles du droit commun, ne s'expose-t-on pas à créer aux fondateurs de sérieuses difficultés ?

Ils seront obligés à des transactions souvent compromettantes, et à rechercher un concours étranger

PROJET DU GOUVERNEMENT	TEXTE ADOPTÉ PAR LA COMMISSION DU SÉNAT	TEXTE ADOPTÉ PAR LE SÉNAT

ARTICLE 17.

Les administrateurs doivent être propriétaires d'un nombre d'actions déterminé par les statuts.

Ces actions sont affectées en totalité à la garantie de tous les actes de la gestion, même de ceux qui seraient exclusivement personnels à l'un des administrateurs.

Elles sont nominatives, inaliénables, frappées d'un timbre indiquant l'inaliénabilité, et déposées dans la caisse sociale.

ARTICLE 17.

Conforme.

Conforme.

Conforme.

ARTICLE 17.

Conforme.

Conforme.

Conforme.

ARTICLE 18.

Il est tenu, chaque année au moins, une assemblée générale à l'époque fixée par les statuts. Les statuts déterminent le nombre d'actions qu'il est nécessaire de posséder, soit à titre de propriétaire, soit à titre de mandataire, pour être admis dans l'assemblée, et le nombre de voix appartenant à chaque actionnaire, eu égard au nombre d'actions dont il est porteur.

Néanmoins, dans les assemblées générales appelées à vérifier les apports, à nommer les premiers administrateurs et à vérifier la sincérité de la déclaration des fondateurs prescrite par l'article 3, tout actionnaire, quel que soit le nombre des actions dont il est porteur, peut prendre part aux délibérations avec le nombre de voix déterminé par les statuts, sans qu'il puisse être supérieur à dix.

ARTICLE 18.

Conforme.

Conforme.

ARTICLE 18.

Conforme.

Conforme.

L'assemblée générale doit être convoquée chaque fois que la demande en est faite par les actionnaires, représentant la moitié, au moins, du capital social.

ARTICLE 19.

Dans toutes les assemblées générales, les délibérations sont prises à la majorité des voix.

Il est tenu une feuille de présence; elle contient les noms et domicile des actionnaires et le nombre d'actions dont chacun d'eux est porteur.

Cette feuille, certifiée par le bureau de l'assemblée, est déposée au siège social et doit être communiquée à tout requérant.

ARTICLE 19.

Conforme.

Conforme.

Conforme.

ARTICLE 19.

Conforme.

Conforme.

Conforme.

ARTICLE 20.

Les assemblées générales, qui ont à délibérer dans des cas autres que ceux qui sont prévus par les deux articles qui suivent, doivent être composées d'un nombre d'actionnaires représentant le quart au moins du capital social.

ARTICLE 20.

Conforme.

ARTICLE 20.

Conforme.

RAPPORT SUR LE PROJET DE LOI

à la société, ce qui est toujours dangereux. Les administrateurs qui commenceraient les opérations sociales avant la constitution définitive de la société, étant, au terme de l'article 99, passibles d'une amende de 500 à 10,000 francs, et d'un emprisonnement de 15 jours à 6 mois, il nous semble vraiment inutile d'établir un luxe de formalisme destiné à faire reculer les hommes honorables disposés sans cela à prêter leur concours à des entreprises sérieuses, mais que de telles menaces pourraient vraisemblablement décourager.

Nous proposons donc de demander la suppression du 2ᵉ paragraphe de l'article 16.

Articles 17, 18, 19, 20, 21, 22.

Ces six articles sont la reproduction à peu près textuelle des anciens articles 26, 27, 28, 29, 30 et 31 de la loi de 1867, mais ils expriment avec plus de précision la pensée du législateur.

Ils forment pour ainsi dire une sorte de code spécial aux assemblées générales des sociétés par actions, et règlent les dispositions qu'il faudra suivre pour assurer la validité des délibérations prises lors :

Des assemblées générales constituantes;
Des assemblées générales ordinaires;
Des assemblées générales extraordinaires.

Nous ne voyons aucune modification à y proposer.

PROJET DU GOUVERNEMENT	TEXTE ADOPTÉ PAR LA COMMISSION DU SÉNAT	TEXTE ADOPTÉ PAR LE SÉNAT
Si l'assemblée générale ne réunit pas ce nombre, une nouvelle assemblée est convoquée dans les formes et avec les délais prescrits par les statuts, et elle délibère valablement, quelle que soit la valeur du capital représenté par les actionnaires présents.	Conforme.	Conforme.

ARTICLE 21.

PROJET DU GOUVERNEMENT	TEXTE ADOPTÉ PAR LA COMMISSION DU SÉNAT	TEXTE ADOPTÉ PAR LE SÉNAT
ARTICLE 21. Les assemblées qui ont à délibérer sur la vérification des apports en nature, sur la nomination des premiers administrateurs, sur la sincérité de la déclaration faite par les fondateurs, doivent être composées d'un nombre d'actionnaires représentant la moitié au moins du capital social.	**ARTICLE 21.** Les assemblées qui ont à délibérer sur la sincérité de la déclaration faite par les fondateurs, sur la vérification des apports en nature, sur la nomination des premiers administrateurs et des commissaires, doivent être composées d'un nombre d'actionnaires représentant la moitié au moins du capital social.	**ARTICLE 21.** Conforme.
Le capital social, dont la moitié doit être représentée pour la vérification desdits apports, se compose seulement des apports non soumis à cette vérification.	Conforme.	Conforme.
Si l'assemblée générale ne réunit pas un nombre d'actionnaires représentant la moitié du capital social, elle ne peut prendre qu'une délibération provisoire. Dans ce cas, une nouvelle assemblée générale est convoquée. Deux avis publiés à huit jours d'intervalle, au moins un mois à l'avance, dans le *Recueil des sociétés*, font connaître aux actionnaires les résolutions provisoires adoptées par la première assemblée, et ces résolutions deviennent définitives si elles sont approuvées par la nouvelle assemblée, composée d'un nombre d'actionnaires représentant le cinquième au moins du capital social.	Conforme.	Conforme.
ARTICLE 22. Les dispositions des paragraphes 1 et 3 de l'article précédent, sont applicables aux assemblées qui ont à délibérer sur les modifications qu'elles ont droit d'apporter aux statuts.	**ARTICLE 22.** Conforme.	**ARTICLE 22.** Conforme.
ARTICLE 23.	**ARTICLE 23.** L'assemblée générale peut modifier les statuts de la société, si cette modification est autorisée par les statuts.	**ARTICLE 23.** Conforme.
Sauf dispositions contraires, expressément insérées dans les statuts, l'assemblée générale ne peut : 1° Augmenter ou diminuer le chiffre du capital social; 2° Prolonger ou réduire la durée de la société; 3° Changer la quotité de la perte qui rend la dissolution obligatoire; 4° Décider la fusion avec une autre société; 5° Modifier le partage des bénéfices.	Conforme.	Conforme.
		A défaut de clause expresse dans les statuts, les actes prévus aux deux paragraphes précédents seront valables, s'ils ont été faits avec le consentement unanime des actionnaires.
Dans aucun cas, l'assemblée générale ne peut changer l'objet essentiel de la société.	Conforme.	Conforme.

ARTICLE 23.

L'article 23 règle la question fort importante des pouvoirs des assemblées générales, en ce qui concerne les modifications à apporter aux statuts.

La loi de 1867 ne contenait aucune disposition explicite sur ce point. Seul l'article 31 indiquait que les assemblées qui avaient à délibérer sur des modifications aux statuts, ne pouvaient valablement y procéder qu'autant qu'elles étaient composées d'un nombre d'actionnaires représentant la moitié au moins du capital social.

Cette disposition, en paraissant autoriser toutes sortes de modifications, avait provoqué les contradictions les plus extrêmes de la jurisprudence sur les pouvoirs des assemblées.

Le rapporteur du projet du gouvernement avait lui-même pensé que, dans le silence des statuts, toutes les modifications étaient possibles; mais pour qu'il ne fût pas abusé comme par le passé de cette interprétation, il limitait les pouvoirs des assemblées en stipulant que :

« Sauf dispositions contraires, expressément insérées dans les statuts, l'assemblée générale ne peut :

» 1° Augmenter ou diminuer le chiffre du capital social;

» 2° Prolonger ou réduire la durée de la société;

» 3° Changer la quotité de la perte qui rend la dissolution obligatoire;

» 4° Décider la fusion avec une autre société;

» 5° Modifier le partage des bénéfices;

PROJET DU GOUVERNEMENT	TEXTE ADOPTÉ PAR LA COMMISSION DU SÉNAT	TEXTE ADOPTÉ PAR LE SÉNAT
ARTICLE 24.	**ARTICLE 24.**	**ARTICLE 24.**
L'assemblée générale annuelle désigne un ou plusieurs commissaires, associés ou non, chargés de faire un rapport à l'assemblée générale de l'année suivante sur la situation de la société, sur le bilan et sur les comptes présentés par les administrateurs.	Conforme.	Conforme.
	Les administrateurs ne peuvent pas prendre part au vote pour nomination des commissaires.	Conforme.
La délibération contenant approbation du bilan et des comptes est nulle, si elle n'a été précédée du rapport des commissaires.	Conforme.	Conforme.
A défaut de nomination des commissaires par l'assemblée générale ou en cas d'empêchement ou de refus d'un ou de plusieurs des commissaires nommés, il est procédé à leur nomination ou à leur remplacement par ordonnance du président du tribunal de commerce du siège de la société à la requête de tout intéressé, les administrateurs dûment appelés.	Conforme.	Conforme.
ARTICLE 25.	**ARTICLE 25.**	**ARTICLE 25.**
Pendant le trimestre qui précède l'époque fixée par les statuts pour la réunion de l'assemblée générale, les commissaires ont droit, toutes les fois qu'ils le jugent convenable, dans l'intérêt social, de prendre communication des livres et d'examiner les opérations de la société.	Conforme.	Conforme.
Ils peuvent toujours, en cas d'urgence, convoquer l'assemblée générale.	Conforme.	Conforme.
ARTICLE 26.	**ARTICLE 26.**	**ARTICLE 26.**
Toute société anonyme doit dresser, chaque semestre, un état sommaire de sa situation active et passive.	Conforme.	Conforme.
Cet état est mis à la disposition des commissaires.	Conforme.	Conforme.
Il est, en outre, établi chaque année, conformément à l'article 9 du Code de commerce, un inventaire contenant l'indication des valeurs mobilières	Conforme.	Conforme.

RAPPORT SUR LE PROJET DE LOI

» Enfin qu'en aucun cas l'assemblée générale ne peut changer l'objet essentiel de la société. »

Le Sénat a cru au contraire, et cela nous semble de toute justice, que les statuts devaient être la loi des parties; qu'ils s'imposaient à tous dans le présent et dans l'avenir; d'où il suit qu'en cas de silence de leur part, aucune modification n'est possible, si elle n'est votée à l'unanimité des actionnaires.

Mais on comprend alors qu'il ait voulu prévoir expressément pour les assemblées générales le droit de modifier les statuts de la société, si la possibilité de cette modification est admise par le pacte social, et il a fait précéder le texte proposé par le gouvernement de la clause ci-après :

« L'assemblée générale peut modifier les statuts de la société, si cette modification est autorisée par les statuts. »

Il demeure donc absolument acquis qu'à défaut d'une autorisation expresse, insérée dans les statuts, une assemblée générale ne pourrait y apporter aucune modification ni voter celles prévues dans le deuxième paragraphe de cet article; le vote de la majorité ne saurait lier la minorité.

Pour que ces modifications fussent possibles, il faudrait le consentement unanime de tous les actionnaires.

Ces prudentes réserves doivent certainement être appuyées.

ARTICLES 24, 25, 26.

Les articles 24, 25 et 26 sont relatifs à l'institution des commissaires et de leurs attributions.

Ils reproduisent les anciens articles 32, 33 et 34 de la loi de 1867, en y ajoutant toutefois cette restriction :

« Que les administrateurs ne peuvent pas prendre part au vote pour la nomination des commissaires. »

Cette condition est-elle bien d'accord avec l'esprit qui a inspiré la loi? Et n'est-ce pas ici le cas de rappeler le mot de Montesquieu : « L'esprit de modération doit être celui du législateur, le bien politique comme le bien moral se trouve toujours entre deux limites. »

Cette sorte de suspicion ainsi établie entre les administrateurs et les commissaires, produira-t-elle les avantages qu'on en veut retirer? L'antagonisme légal recherché entre eux a-t-il bien sa raison d'être en présence des termes de l'article 100 du projet, qui punit les commissaires faisant de mauvaise foi un rapport inexact, d'un emprisonnement de un à cinq ans et d'une amende pouvant s'élever à 10,000 francs? Est-il vraisemblable qu'un commissaire consente jamais à encourir des sévérités pareilles pour obtenir la voix d'un administrateur?

Nous ne le croyons pas.

Nous craignons, au contraire, qu'étant imposé en quelque sorte aux administrateurs qui ne pourront prendre part à son élection, il ne rencontre dans l'exécution de son mandat les difficultés les plus sérieuses ressortant de rapports nés dans de telles conditions.

Dans l'ordre logique des situations et à de très rares exceptions près, les administrateurs sont choisis parmi les actionnaires les plus importants. Est-il donc juste de priver ces actionnaires du droit de contribuer à nommer le commissaire dont les capacités peuvent offrir les plus sérieuses sécurités pour tous. L'administrateur n'a-t-il donc pas un intérêt comme actionnaire, à ce qu'à son défaut un commissaire de surveillance soit apte à aviser les ayants-droit, selon le vœu de la loi, de la situation exacte de la Société? S'il y avait eu un danger à cette participation de l'administrateur actionnaire à l'élection du commissaire, n'eût-il pas apparu à la pratique de la loi de 1867? Or, jamais il n'a été révélé à ce sujet aucun inconvénient; d'autre part, le rapport de l'honorable M. Bozérian, au Sénat, et la discussion publique ne fournissent pas le moindre motif pour justifier cette addition. Ne serait-il donc pas mieux de laisser simplement subsister l'ancien texte comme l'avait proposé le gouvernement, au lieu de s'exposer à l'inconnu en frappant ainsi d'une sorte d'interdiction morale les hommes auxquels on va confier le bien social?

N'est-il pas préférable de laisser à ces administrateurs le soin de juger quand leur dignité leur commandera l'abstention?

PROJET DU GOUVERNEMENT	TEXTE ADOPTÉ PAR LA COMMISSION DU SÉNAT	TEXTE ADOPTÉ PAR LE SÉNAT
et immobilières et de toutes les dettes actives et passives de la société.		
L'inventaire, le bilan et le compte des profits et pertes sont mis à la disposition des commissaires un mois au plus tard avant l'assemblée générale. Ils sont présentés à cette assemblée.	Conforme.	Conforme.

ARTICLE 27.

	ARTICLE 27.	ARTICLE 27.
Quinze jours au moins avant la réunion de l'assemblée générale, tout actionnaire peut prendre, au siège social, communication de l'inventaire et de la liste des actionnaires et se faire délivrer copie du bilan résumant l'inventaire, et du rapport des commissaires.	Conforme.	Conforme.
Le rapport des administrateurs doit être déposé au siège social, trois jours avant l'assemblée générale, et chaque actionnaire peut en prendre communication.	Conforme.	Conforme.

ARTICLE 28.

	ARTICLE 28.	ARTICLE 28.
Il est fait annuellement, sur les bénéfices nets, un prélèvement d'un vingtième au moins, affecté à la formation d'un fonds de réserve.	Conforme.	Conforme.
Ce prélèvement cesse d'être obligatoire lorsque	Conforme.	Conforme.

RAPPORT SUR LE PROJET DE LOI

Article 27.

L'article 27 a ajouté à l'ancien article 37 de la loi de 1867 une addition obligeant les administrateurs à déposer leur rapport au siège social trois jours avant l'assemblée générale, où chaque actionnaire peut en prendre communication.

Le Sénat l'a adoptée sans aucune modification.

Qu'il nous soit permis cependant de faire remarquer que ce droit accordé à tout actionnaire de prendre communication de l'inventaire, de la liste des actionnaires, du rapport des administrateurs, et de se faire délivrer copie du bilan résumant l'inventaire et des rapports des commissaires a une importance capitale.

L'honorable rapporteur devant le Sénat s'en est ému à ce point qu'il a déclaré que le droit de prendre communication des documents énoncés ne pouvait entraîner celui d'en prendre copie. Il a expliqué que ce droit pouvant avoir pour conséquence la publication des documents copiés, cette publication pouvait souvent être préjudiciable aux intérêts qu'on veut servir.

Cette appréhension est fondée. Il suffit d'avoir subi la responsabilité de l'administration d'une société anonyme pour apprécier combien, sous une forme en apparence fort bénigne, ce droit de lecture et de pénétration dans les documents les plus intimes d'une société peut avoir d'inconvénients, en ce qu'il permet à la concurrence d'y jeter son regard, toujours disposé à y puiser tous les renseignements qui peuvent servir ses intérêts.

Sans doute, il est impossible que ces documents ne soient pas mis à la disposition des actionnaires, qui, *ayant le droit d'assister* aux assemblées générales pour y délibérer, ne peuvent le faire qu'en parfaite connaissance de cause; c'est là ce que nous pourrions appeler un mal inévitable. Mais que ceux qui ne tiennent pas des statuts par le nombre d'actions dont ils sont possesseurs, ce droit de délibération, puissent venir prendre connaissance de ces documents; voilà qui nous paraît dépasser la mesure de l'intérêt général des actionnaires dont la loi veut se faire le gardien.

Il ne saurait échapper à personne que si l'article 27 ne précise pas une restriction à cet égard, un concurrent pourra, quand il le voudra, pénétrer au cœur des affaires d'une société. Il lui suffira pour cela d'acheter le titre le plus minime lui donnant la qualité d'actionnaire pour connaître les résultats d'inventaires, les actes, les projets même d'administrateurs avec lesquels il est tous les jours en lutte sur le terrain des affaires.

Ces considérations nous déterminent à vous proposer pour l'article 27 la rédaction suivante :

« Pendant les quinze jours qui précèdent la réunion de l'assemblée générale, *tout actionnaire admis par les statuts à y participer*, peut prendre au siège social communication de l'inventaire, de la liste des actionnaires, et se faire délivrer copie du bilan résumant l'inventaire, et du rapport des commissaires.

» Le rapport des administrateurs doit être déposé au siège social trois jours avant l'assemblée générale. Chaque actionnaire ayant le droit précité peut en prendre connaissance.

» Il est interdit de prendre des copies des documents communiqués ou même une note quelconque y relative. »

Article 28.

L'article 28 est la reproduction de l'ancien article 36, imposant aux sociétés le prélèvement nécessaire à la formation d'un fonds de réserve.

S'il fallait rechercher une amélioration à y apporter, on pourrait exprimer l'opinion que le prélèvement d'un vingtième sur les bénéfices nets est peut-être insuffisant, mais il est plus dans l'esprit

PROJET DU GOUVERNEMENT	TEXTE ADOPTÉ PAR LA COMMISSION DU SÉNAT	TEXTE ADOPTÉ PAR LE SÉNAT

le fonds de réserve a atteint le dixième du capital social.

ARTICLE 29.

Les statuts peuvent déclarer que des intérêts seront payés aux actionnaires, même en l'absence de bénéfices, sous les conditions suivantes :

1° Que le taux de ces intérêts ne puisse pas dépasser 5 p. 100 des sommes versées;

2° Que ce prélèvement ne puisse avoir lieu que pendant la période de premier établissement, dont le terme est fixé par les statuts, sans pouvoir être dépassé;

3° Que cette clause des statuts soit rendue publique.

Aucune répétition d'intérêts ne peut être exercée que s'il a été contrevenu aux dispositions qui précèdent.

L'action en répétition, dans le cas où elle est ouverte, se prescrit par cinq ans, à compter du jour fixé pour le payement des intérêts.

ARTICLE 29.

Conforme.

Conforme.

Conforme.

ARTICLE 29.

Conforme.

Conforme.

Conforme.

ARTICLE 30.

Aucune répétition de dividendes ne peut être exercée contre les actionnaires, si ce n'est dans le cas où la distribution aura été faite en l'absence de tout inventaire, ou en dehors des résultats constatés par l'inventaire.

L'action en répétition, dans le cas où elle est ouverte, se prescrit par cinq ans à partir du jour fixé pour la distribution des dividendes.

ARTICLE 30.

Conforme.

Conforme.

ARTICLE 30.

Conforme.

Conforme.

ARTICLE 31.

Dans le cas où les sociétés ont continué à payer les intérêts ou dividendes des actions, obligations, ou tous autres titres remboursables par suite d'un tirage au sort, elles ne peuvent répéter ces sommes, lorsque le titre est présenté au remboursement.

ARTICLE 31.

Conforme.

ARTICLE 31.

Conforme.

RAPPORT SUR LE PROJET DE LOI

de la loi de laisser aux fondateurs le soin de régler par les statuts les limites de prévoyance dont le législateur leur trace le chemin.

Toutefois, pour faire cesser les controverses qui se sont manifestées entre les divers commentateurs de la loi, aussi bien que les divergences de la jurisprudence, nous proposons d'ajouter :

« Cette réserve ne doit en rien préjudicier au paiement des intérêts légaux », ce qui sera conforme à l'esprit de la loi (voir notamment instruction ministérielle du 11 juillet 1819). Le bon sens indique, en effet, qu'il n'y a rien à mettre en réserve, tant que le capital n'a pas reçu une rémunération au moins égale à celle qu'il trouverait si, ayant été prêté, il était ainsi l'objet d'un placement ordinaire.

ARTICLE 29.

L'article 29 règle une question sur laquelle les lois antérieures étaient demeurées muettes.

Il a pour but de mettre fin aux contradictions de la jurisprudence en autorisant les statuts à déclarer que des intérêts seront payés aux actionnaires, même en l'absence de bénéfices, sous les conditions suivantes :

« 1° Que le taux de ces intérêts ne pourra pas dépasser 5 0/0 des sommes versées ;

» 2° Que ce prélèvement ne pourra avoir lieu que dans la période de premier établissement dont le » terme sera fixé par les statuts sans pouvoir être dépassé ;

» 3° Que cette clause des statuts sera rendue publique. »

Ces dispositions étaient nécessaires. La loi ne permettant pas aux administrateurs la distribution de dividendes fictifs, on pouvait se demander si, lorsque des intérêts étaient distribués pendant la période de premier établissement, avant que le moindre bénéfice fût acquis, on ne se mettait pas en contradiction avec les prescriptions que nous avons rappelées.

Des considérations d'ordre supérieur imposaient à la loi actuelle de dégager les intéressés des équivoques et des incertitudes ressortant de cette situation.

Les sociétés anonymes facilitent les entreprises industrielles.

Des capitaux toujours considérables y sont absorbés fort longtemps parfois avant qu'elles soient en état de fonctionner et de produire. Sous peine de les décourager de se porter vers des opérations dont l'utilité est démontrée, il fallait donc autoriser l'affectation d'un intérêt pendant cette période de premier établissement. La publicité donnée à l'autorisation d'un intérêt de 5 0/0 maximum payé sur les sommes versées pendant cette période satisfait toutes les convenances, puisque les intéressés connaissent à l'avance les conditions dans lesquelles les fonds sont apportés, et que la distribution de ce dividende leur permet d'attendre la marche pleine et entière des opérations de la société.

ARTICLE 30.

L'article 30 est la reproduction des paragraphes 3 et 4 de l'article 10 de la loi de 1867 à l'occasion de la répartition des dividendes. Il n'y a pas lieu de s'y arrêter, si ce n'est pour signaler la sanction pénale prévue désormais pour distribution de dividendes fictifs. Nous aurons à y revenir à l'occasion de l'article 100.

ARTICLE 31.

L'article 31 règle une question afférente aux intérêts que les sociétés auraient continué à payer sur des actions, obligations, ou tous autres titres remboursables par suite d'un tirage au sort.

A l'avenir, les sociétés ne pourront répéter ces sommes lorsque le titre sera présenté au remboursement.

PROJET DU GOUVERNEMENT	TEXTE ADOPTÉ PAR LA COMMISSION DU SÉNAT	TEXTE ADOPTÉ PAR LE SÉNAT

ARTICLE 32.

Projet du Gouvernement :

Les formalités et conditions prévues pour la constitution de la société sont applicables à toute augmentation du capital social.

Commission du Sénat — ARTICLE 32. : Conforme.

Sénat — ARTICLE 32. : Conforme.

ARTICLE 33.

Projet du Gouvernement :

Il est interdit aux sociétés d'acheter leurs propres actions, sauf dans les cas suivants :

1° Lorsque ce rachat porte sur des actions libérées, et se fait avec l'autorisation de l'assemblée générale, au moyen de bénéfices ou réserves en dehors de la réserve statutaire ;

2° Lorsqu'il est fait pour un amortissement prévu par les statuts ;

3° Lorsque le rachat se faisant avec une portion du capital social, toutes les conditions et formalités prescrites pour la réduction de ce capital ont été remplies.

Les titres d'actions achetés par une société dans les deux derniers cas ci-dessus doivent être annulés.

La nullité des achats faits contrairement aux dispositions du présent article ne peut être prononcée qu'autant que le vendeur a été de mauvaise foi.

Commission du Sénat — ARTICLE 33. :

Conforme.

Supprimé.

1° Lorsque ce rachat est fait pour un amortissement prévu par les statuts ;

2° Lorsque le rachat se faisant en vue d'une réduction du capital social, toutes les conditions et formalités prescrites pour cette réduction ont été remplies.

Les titres d'actions ainsi achetés par une société doivent être annulés.

Conforme.

Sénat — ARTICLE 33. :

Conforme.

Supprimé.

Conforme.

Conforme.

Conforme.

Conforme.

ARTICLE 34.

Projet du Gouvernement :

Les actions achetées par une société qui ne doivent pas être annulées peuvent être représentées à l'assemblée générale des actionnaires et comptées dans la composition de la majorité nécessaire ; mais il n'y est pas attaché de droit de vote, sauf les cas de liquidation de la société ou de réduction du capital social.

Commission du Sénat — ARTICLE 34 (ancien). : Supprimé.

Sénat — ARTICLE 34 (ancien). : Supprimé.

ARTICLE 35.

Projet du Gouvernement :

Les administrateurs qui, hors des cas prévus par l'article 33, ont fait ou autorisé les achats, sont, dans tous les cas, responsables envers la société des conséquences de cette opération.

Commission du Sénat — ARTICLE 34 (35 du projet). :

Les administrateurs qui, hors des cas prévus par l'article précédent, ont fait ou autorisé les achats, sont dans tous les cas responsables envers la société des conséquences de cette opération.

Sénat — ARTICLE 34. : Conforme.

ARTICLE 36.

Projet du Gouvernement :

Il est interdit aux administrateurs de prendre ou de conserver un intérêt direct ou indirect dans une entreprise ou dans un marché fait avec la société ou pour son compte, à moins qu'ils n'y soient autorisés par l'assemblée générale.

Commission du Sénat — ARTICLE 35 (36 du projet). :

Il est interdit aux administrateurs de prendre ou de conserver un intérêt direct ou indirect dans une entreprise ou dans un marché fait avec la société ou pour son compte, à moins qu'ils n'y soient auto-

Sénat — ARTICLE 35. : Conforme.

RAPPORT SUR LE PROJET DE LOI

Cette solution est contraire à la jurisprudence. (Cassation, 8 mars 1881 : « Exposé des motifs du Gouvernement. »)

Mais il est certain que dès l'instant que les sociétés, par erreur ou volontairement, gardent le capital des titres sortis, il est juste qu'elles en paient les intérêts.

ARTICLE 32.

L'article 32 fixe également une question qui n'avait pas été résolue par les législations antérieures.

A l'avenir, les formalités et conditions prévues pour la constitution de la société sont applicables à toute augmentation du capital social.

Cet article est surtout motivé par le désir d'empêcher postérieurement à la constitution de la société des apports en nature, des émissions successives, des fusions avec d'autres sociétés, moyens détournés à l'aide desquels on avait trop souvent éludé les règles auxquelles les législateurs avaient soumis la formation des sociétés.

On ne peut qu'approuver cette prévoyante disposition.

ARTICLES 33 et 34.

Ces deux articles statuent encore sur des questions à l'occasion desquelles la loi de 1867 n'avait pas disposé.

Ils règlent les conditions dans lesquelles les sociétés pourront à l'avenir racheter leurs propres actions en les limitant à deux cas précis :

1° Celui du rachat fait pour un amortissement prévu par les statuts;

2° Celui du rachat fait en vue d'une réduction du capital social lorsque toutes les conditions et formalités prescrites pour cette réduction auront été remplies.

Le rachat des actions par les sociétés qui les avaient émises est certainement une des pratiques déplorables qui depuis 1867 avaient donné lieu aux plus vifs scandales dont l'opinion publique se soit émue. Néanmoins, la discussion de cet article a donné lieu devant le Sénat aux controverses les plus étonnantes, les uns voulant maintenir le régime le plus absolu de liberté, les autres luttant contre le projet du gouvernement, qui voulait permettre le rachat des actions, mais seulement lorsqu'il se produisait au moyen de bénéfices ou de réserves.

La première indication que donne une société anonyme est celle de son capital social; c'est là une de celles qui sont susceptibles de provoquer la confiance des tiers avec lesquels elle est en relations et qui peuvent devenir ses créanciers. Comment admettre alors qu'après avoir indiqué ce capital dont elle dispose à l'appui du crédit qu'elle demande, il soit possible aux administrateurs, sous un prétexte quelconque, de vider la caisse sociale des espèces dont le législateur exige le versement pour les remplacer par des titres dont la valeur, souvent majorée, rendrait complètement fictives les garanties énoncées.

A notre avis, il faut approuver complètement la rédaction du Sénat, car en dehors des conditions prescrites pour permettre aux sociétés le rachat de leurs propres actions, il y aurait un véritable péril à laisser la porte ouverte à des combinaisons presque toujours malsaines, et pour qu'elles ne se produisent sous aucune forme nous proposons de préciser que *cette interdiction s'entend, non seulement de l'achat des actions, mais encore de toutes opérations auxquelles elles peuvent donner lieu, reports ou autres.*

ARTICLE 35.

L'article 35 est la reproduction de l'ancien article 40 de la loi de 1867, avec une légère modification consistant en ce qu'à l'avenir les administrateurs ne pourraient prendre ou conserver un intérêt direct ou indirect dans les affaires avec la société que sous le bénéfice d'une autorisation de l'assemblée générale, donnée *nominativement et expressément pour chaque affaire.*

PROJET DU GOUVERNEMENT	TEXTE ADOPTÉ PAR LA COMMISSION DU SÉNAT	TEXTE ADOPTÉ PAR LE SÉNAT
	risés nominativement et expressément pour chaque affaire par l'assemblée générale.	
Il est, chaque année, rendu à l'assemblée générale un compte spécial de l'exécution des marchés ou entreprises par elle autorisés aux termes du paragraphe précédent.	Conforme.	Conforme.

ARTICLE 37.

Les administrateurs sont responsables, conformément aux règles de droit commun, individuellement ou solidairement suivant le cas, envers la société ou envers les tiers, soit des infractions aux dispositions de la présente loi, soit des fautes qu'ils auraient commises dans leur gestion, notamment en distribuant ou en laissant distribuer sans opposition des dividendes fictifs.

ARTICLE 36 (37 du projet).

Conforme.

L'étendue et les effets de la responsabilité des commissaires envers la société sont déterminés par les règles générales du mandat.

ARTICLE 36.

Conforme.

Conforme.

ARTICLE 38.

Des actionnaires représentant le vingtième au moins du capital social peuvent, dans un intérêt commun, charger à leurs frais un ou plusieurs mandataires de soutenir collectivement, tant en demandant qu'en défendant, une action contre les administrateurs ou les commissaires, et de les représenter, en ce cas, en justice, sans préjudice de l'action que chaque actionnaire peut intenter individuellement en son nom personnel.

ARTICLE 37 (38 du projet).

Conforme.

ARTICLE 37.

Conforme.

RAPPORT SUR LE PROJET DE LOI

Cette rédaction avait préoccupé, et on s'était demandé si des fournitures courantes, des relations de banque annuelles, etc., etc., pratiquées par un administrateur seraient possibles à l'avenir; car il était vraiment difficile de convoquer une assemblée générale pour chaque facture ou remise.

Il est ressorti des débats que ce que la Commission avait entendu empêcher, c'était un blanc-seing donné *une fois pour toutes;* mais que des relations de l'ordre que nous venons d'indiquer correspondaient bien à l'idée d'affaires visées par l'article 35.

Sous bénéfice de ce commentaire, cette modification peut être admise.

Il n'aurait pas fallu que son interprétation, poussée à l'extrême du sens grammatical, eût pu priver les sociétés d'administrateurs honorables et compétents dont le concours est souvent gratuit, en considération des relations échangées avec la société.

Articles 36 et 37.

Les articles 36 et 37 règlent la responsabilité des administrateurs conformément aux règles du droit commun; celle des commissaires, conformément aux règles générales du mandat; le droit des actionnaires à se réunir pour soutenir collectivement ou individuellement une action contre eux. Ils sont conformes aux anciennes dispositions prévues par la loi de 1867, aux articles 17, 43 et 44.

L'article 36 donne lieu à une observation sur laquelle nous appelons l'attention de nos législateurs.

Aux termes de cet article, les administrateurs sont responsables des fautes qu'ils auraient commises dans leur gestion, notamment en distribuant ou *en laissant distribuer* sans opposition des dividendes fictifs.

N'y a-t-il pas là pour eux une position bien étrange?

D'un côté ils sont révocables (art. 15).

De l'autre, ils deviennent responsables s'ils laissent distribuer sans opposition des dividendes fictifs.

Il faudrait n'avoir jamais assisté à une assemblée générale pour ignorer combien les actionnaires sont avides de toucher de forts dividendes, et la situation difficile que cette question crée aux administrateurs; car les actionnaires trouvent toujours insuffisante la somme qu'ils ont à recevoir.

L'article 14, en stipulant les administrateurs révocables, ce qui est évidemment nécessaire, ne les place-t-il pas dans une situation telle, qu'ils doivent éviter autant que possible toutes les circonstances de nature à amener des conflits entre eux et les assemblées générales? Et si l'assemblée générale délibère, malgré eux, un dividende plus important que celui qu'ils proposent, que leur reste-t-il à faire? Se soumettre ou donner leur démission? Que signifierait, en effet, leur opposition, en présence d'un vote semblable?

Elle serait absolument platonique, à moins que ce mot « opposition » ne signifie que les administrateurs devront refuser le paiement par la caisse sociale de dividendes qu'ils apprécient ne pouvoir être distribués.

Mais alors, à la première assemblée générale, ces administrateurs ou ne seront pas réélus, ou verront leur révocation demandée.

Nous signalons là un des écueils des sociétés par actions; et il est en effet à remarquer que si les administrateurs ne jouissent pas des majorités voulues pour assurer toutes les réserves et amortissements nécessaires, le capital de ces sociétés ne s'accroît presque jamais, et souvent il diminue. Les dangers qui en ressortent sont trop évidents pour que nous ayons à y attarder votre attention.

Où commence, où finit le dividende fictif?

Où commence l'amortissement nécessaire du matériel, où finit-il?

Ne sont-ce pas là des éléments que des actionnaires ne peuvent juger comme les administrateurs?

En conséquence, nous voudrions sur ce point créer une indépendance absolue à l'administration et ajouter à l'article 36 cette restriction :

« Mais les administrateurs ont seuls qualité pour proposer le dividende à distribuer.

» Dans le cas où l'Assemblée générale voudrait élever les dividendes proposés par les administrateurs *malgré leur opposition,* elle » désignerait dans son sein trois commissaires avec mandat de lui présenter un rapport justifiant cette élévation.

La responsabilité du dividende distribué dans ces conditions, incomberait alors aux commissaires ainsi nommés, mais celle des administrateurs serait dégagée.

5

PROJET DU GOUVERNEMENT	TEXTE ADOPTÉ PAR LA COMMISSION DU SÉNAT	TEXTE ADOPTÉ PAR LE SÉNAT
ARTICLE 39.	ARTICLE 38 (39 du projet).	ARTICLE 38.
En cas de perte des trois quarts du capital social, les administrateurs sont tenus de provoquer la réunion de l'assemblée générale de tous les actionnaires à l'effet de statuer sur la question de savoir s'il y a lieu de prononcer la dissolution de la société.	Conforme.	Conforme.
La résolution de l'assemblée est dans tous les cas rendue publique.	Conforme.	Conforme.
A défaut par les administrateurs de réunir l'assemblée générale comme dans le cas où cette assemblée n'aurait pu se constituer régulièrement, tout intéressé peut demander la dissolution devant les tribunaux.	Conforme.	Conforme.
		Dans cette assemblée, tout actionnaire, quel que soit le nombre des actions dont il est porteur ou qu'il représente, ne peut avoir plus de dix voix.
ARTICLE 40.	ARTICLE 39 (40 du projet).	ARTICLE 39.
La dissolution peut être prononcée sur la demande de toute partie intéressée, lorsqu'un an s'est écoulé depuis l'époque où le nombre des associés est réduit à moins de sept.	Conforme.	Conforme.
ARTICLE 41.	ARTICLE 40 (41 du projet).	ARTICLE 40.
Est nulle et de nul effet à l'égard des intéressés toute société constituée contrairement aux dispositions des articles 2, 3, 5, 9, 10, 11, 14, 15.	Conforme.	Conforme.
Sont également nuls tous actes et délibérations ayant pour objet l'augmentation du capital social, effectués contrairement à l'article 32.	Conforme.	Conforme.

RAPPORT SUR LE PROJET DE LOI

Article 38.

L'article 38 précise les devoirs des administrateurs, en cas de perte des trois quarts du capital social, à l'effet de « statuer sur la question de savoir s'il y a lieu de provoquer la dissolution de la société ».

Il reproduit l'ancien article 37 de la loi de 1867, avec cette addition :

« Dans cette assemblée, tout actionnaire, quel que soit le nombre des actions dont il est porteur ou qu'il représente, ne peut avoir plus de dix voix. »

Autant nous comprenons qu'une restriction de cette nature ait été imposée à l'article 18, quand il s'agissait de la vérification des apports, parce que l'on ne devait pas admettre que l'influence du capital pût dominer la petite épargne, dans une question où l'exactitude des déclarations intéresse au plus haut degré l'avenir et la sécurité de l'entreprise ; autant il nous semble peu fondé, lorsque l'on se trouve en présence de la perte constatée des trois quarts du capital social, que le plus intéressé dans la question de liquidation puisse subir la loi du nombre.

Nous demandons donc la suppression d'une addition dont les conséquences froissent la raison et l'équité.

Article 39.

L'article 39 reproduit l'ancien article 38 de la loi de 1867, relatif à la faculté de demande de dissolution accordée à toute partie intéressée lorsqu'un an s'est écoulé depuis que le nombre des associés est réduit à moins de sept.

Il n'a donné lieu devant le Sénat à aucune discussion sur le principe énoncé, et cependant la faculté qu'il renferme est obscure et dangereuse, en même temps qu'elle est contradictoire avec l'article 2 qui exige le nombre *sept* pour la constitution d'une société.

D'une part, de quel intéressé veut-on parler ?

Est-ce d'un créancier ou d'un actionnaire ?

Suffira-t-il à un créancier d'apprendre que le nombre des associés est tombé au-dessous de sept pour demander la dissolution de la société ? Cela serait vraiment excessif.

D'autre part, les fondateurs d'une société qui auront vêtu la loi en constituant leur entreprise entre sept personnes, auront-ils la faculté de racheter, au lendemain de cette constitution, les titres de cinq actionnaires, de demeurer à deux par exemple, de faire disparaître ainsi tout élément de contradiction sérieuse de leurs agissements intérieurs, puisque l'un sera administrateur, l'autre commissaire ; de procéder en un mot comme des associés collectifs, tout en n'offrant finalement aux tiers que les responsabilités limitées au capital social ?

Il y a là une faculté qui nous paraît dangereuse, et nous croyons que nos législateurs feront acte de logique et de sagesse en rédigeant l'article 39 dans les termes suivants :

« La dissolution *doit* être prononcée lorsqu'un an s'est écoulé depuis l'époque où le nombre des associés est réduit à moins de
» sept. »

Cette obligation ne saurait présenter le moindre inconvénient, puisque sur six associés il y en aura toujours un, si on ne veut pas la dissolution, qui saura vendre une part afin d'éviter cette extrémité, et elle aura au moins l'avantage de maintenir le principe de la contradiction et de la critique nécessaires entre administrateurs et actionnaires, contrôle qui demeure la meilleure sauvegarde des créanciers.

Articles 40, 41, 42, 43.

L'article 40 précise que toute société constituée en violation des articles 2, 3, 5, 9, 10, 11, 13, 14, 15, 32 est nulle et de nul effet à l'égard des intéressés ; mais que ces nullités ne peuvent être opposées aux tiers par les associés.

L'article 41 règle l'ordre des responsabilités que ces violations auront fait encourir en distinguant :

1° Les fondateurs ;

PROJET DU GOUVERNEMENT	TEXTE ADOPTÉ PAR LA COMMISSION DU SÉNAT	TEXTE ADOPTÉ PAR LE SÉNAT
Ces nullités ne peuvent être opposées aux tiers par les associés.	Conforme.	Conforme.
ARTICLE 42. Lorsque la nullité de la société a été prononcée en vertu des dispositions de la présente loi, les fondateurs auxquels elle est imputable sont solidairement responsables, à l'égard des tiers ou des actionnaires, du dommage résultant de cette annulation. La même responsabilité solidaire peut être appliquée contre les administrateurs en fonctions au moment où la nullité a été encourue, et contre ceux des associés dont les apports ou les avantages n'ont pas été vérifiés et approuvés conformément aux articles 10 et 11.	**ARTICLE 41 (42 du projet).** Lorsque la nullité de la société a été prononcée pour la violation des prescriptions imposées aux fondateurs par la présente loi, ceux-ci sont solidairement responsables à l'égard des tiers ou des actionnaires du dommage résultant de cette annulation. La même responsabilité solidaire peut être appliquée contre les administrateurs en fonctions au moment où la nullité a été encourue, contre les commissaires qui n'ont pas procédé à la vérification prescrite par l'article 16, et contre ceux des associés dont les apports ou les avantages n'ont pas été vérifiés et approuvés conformément aux articles 10, 11 et 13.	**ARTICLE 41.** Conforme. Conforme.
ARTICLE 43. Lors même que la nullité est prononcée dans les cas prévus par la présente loi, les créanciers sociaux restent préférablement créanciers personnels des associés; toutefois, ce droit de préférence ne peut s'appliquer aux versements à faire par les actionnaires sur le montant de leurs actions.	**ARTICLE 42 (43 du projet).** Lorsque la nullité de la société est prononcée pour l'une des causes prévues par la présente loi, les actionnaires restent soumis à l'obligation d'opérer les versements non effectués sur le montant de leurs actions, et les créanciers sociaux conservent vis-à-vis des créanciers personnels des associés un droit de préférence sur tout l'actif social qui pourra être réalisé.	**ARTICLE 42.** Conforme.
ARTICLE 44. L'action en nullité et l'action en responsabilité qui résulte de cette nullité ne sont plus recevables trois ans après la constitution de la société, lorsque avant l'introduction de la demande la cause de la nullité a cessé d'exister. Lorsque les causes de nullité des actes ou délibérations sont postérieures à la constitution de la société, les actions ne sont plus recevables trois ans après le jour où la nullité a été encourue.	**ARTICLE 43 (44 du projet).** L'action en nullité de la société et l'action en responsabilité qui résulte de cette nullité, ne sont plus recevables trois ans après le jour où la nullité a été encourue, lorsque avant l'introduction de la demande la cause de la nullité a cessé d'exister. Conforme.	**ARTICLE 43.** Conforme. Conforme.
ARTICLE 45. Dans le cas de mise en vente publique d'actions non ordonnée par justice, les affiches, prospectus, insertions dans les journaux, circulaires, ainsi que les bulletins de souscription ou d'achat, doivent contenir les énonciations prévues en l'article 4, et	**ARTICLE 44 (45 du projet).** Dans le cas de mise en vente publique d'actions non ordonnée par justice, les affiches, prospectus, insertions dans les journaux, circulaires, ainsi que les bulletins de souscription ou d'achat doivent contenir les énonciations prévues en l'article 4 et,	**ARTICLE 44.** Conforme.

2° Les administrateurs en fonctions;

3° Les commissaires;

4° Les associés dont les apports n'auraient pas été vérifiés.

L'article 42 dispose que, nonobstant la nullité prononcée, les actionnaires resteront soumis à l'obligation d'opérer les versements non effectués sur le montant de leurs actions.

L'article 43 crée pour l'action en nullité de la société une prescription de trois années, à dater du jour où la nullité a été encourue, si, avant l'introduction de la demande, la cause de la nullité a cessé; toutes autres causes de nullité postérieure à la constitution sont prescrites par trois ans.

Il y a entre ces quatre articles une connexité tellement intime qu'il y a lieu de les examiner ensemble.

Remarquons en premier lieu les soins minutieux avec lesquels nos législateurs se sont préoccupés de définir les responsabilités dans l'ordre successif où elles doivent s'établir, de façon à faire cesser autant que possible les incertitudes et les contradictions auxquelles la jurisprudence, interprétant la loi de 1867, avait donné lieu sur ce point spécial des nullités et des responsabilités qu'elles engendrent.

Il ressort des nouvelles dispositions adoptées l'application de cette règle, qui est la base du contrat de société que, « les nullités ne peuvent être opposées aux tiers ».

Cette précision était réellement nécessaire, si on considère que d'après la loi de 1867, des fondateurs d'une société dont la nullité a été prononcée, ont été déclarés obligatoirement responsables de l'intégralité du passif social.

Il y avait une faute commune commise par les fondateurs et les actionnaires réunis en assemblée générale, et seuls les fondateurs expiaient cette faute; cela était évidemment injuste.

Les administrateurs en fonction au moment où cette faute avait été commise, étaient tenus également par l'ancien article 42 solidairement avec les fondateurs, alors que fréquemment ils étaient absolument étrangers aux causes sur lesquelles l'action en nullité avait été basée.

Enfin, aucune prescription n'était édictée à l'occasion des nullités encourues, et il a été affirmé devant le Sénat que des entreprises de chantage avaient pu être dirigées contre des sociétés ayant un vice originel de constitution.

Il en ressortait que les actionnaires, qui n'étaient pas toujours ceux de l'origine, étaient exposés à voir périr leur capital dans l'action engagée, et que les fondateurs et les administrateurs originaires d'une société demeuraient pendant trente ans sous le coup de responsabilités considérables, responsabilités pouvant souvent prendre naissance dans un arrêt interprétatif de la loi.

Il faut reconnaître que si nos pouvoirs publics ont voulu entourer la vérification du capital social et la constitution des sociétés des meilleures sécurités possibles en les appuyant de sanctions pénales très sévères sur lesquelles nous aurons à nous expliquer, ils ont aussi affirmé, dans les débats qui se sont produits, l'intention formelle de distinguer les véritables responsabilités en les classant dans leur ordre d'importance, et nous ne pouvons que donner l'approbation la plus entière aux principes qui se dégagent des articles 40, 41, 42 et 43.

Toutefois, et pour les causes que nous avons expliquées à l'occasion de l'article 16, nous regrettons que les commissaires puissent être compris dans les responsabilités relatives à la constitution des sociétés. Il faut remarquer que ces commissaires, aux termes de l'article 24, peuvent être choisis en dehors des associés, et que si on maintient cette condition, les associés dont les rapports présenteraient la meilleure garantie se déroberont à ce mandat; on devra alors, pour l'accomplissement de ces fonctions, recourir le plus souvent à des hommes sans responsabilité.

La loi sera ainsi vêtue dans la forme et violée dans son esprit.

Article 44.

L'article 44 prévoit le cas où, après la constitution d'une société, on mettrait ses actions en vente publique.

Le Sénat a voulu que toutes les indications imposées par l'article 4 à l'occasion des souscriptions fussent rappelées à ce moment. C'est là une sage précaution, car pour s'affranchir des règles imposées

PROJET DU GOUVERNEMENT	TEXTE ADOPTÉ PAR LA COMMISSION DU SÉNAT	TEXTE ADOPTÉ PAR LE SÉNAT
en outre, la date de l'assemblée constitutive de la société et le montant par action de la somme restant à verser.	en outre, la date de l'assemblée constitutive de la société, ou, si le capital a été augmenté, la date de l'assemblée générale qui a voté cette augmentation, et le montant par action de la somme restant à verser.	
Les dispositions du dernier paragraphe de l'article 4 sont également applicables dans ce cas.	Conforme.	Conforme.
ARTICLE 46.	ARTICLE 45 (46 du projet).	ARTICLE 45.
Les sociétés anonymes autorisées actuellement existantes continuent à être soumises, pendant toute leur durée, aux dispositions qui les régissent.	Conforme.	Conforme.
Elles peuvent se former en sociétés anonymes dans les termes de la présente loi, en obtenant l'autorisation du gouvernement et en observant les formes prescrites pour la modification de leurs statuts.	Conforme.	Conforme.
Les sociétés à responsabilité limitée et les sociétés anonymes constituées conformément à la loi du 24 juillet 1867 peuvent se convertir en sociétés anonymes dans les termes de la présente loi, en se conformant aux conditions stipulées pour la modification de leurs statuts.	Conforme.	Conforme.

TITRE II	TITRE II	TITRE II
Des Sociétés en commandite par actions.	Des Sociétés en commandite par actions.	Des Sociétés en commandite par actions.
ARTICLE 47.	ARTICLE 46 (47 du projet).	ARTICLE 46.
Les dispositions du titre précédent sont applicables aux sociétés en commandite par actions, sous les exceptions et modifications qui suivent.	Conforme.	Conforme.
ARTICLE 48.	ARTICLE 47 (48 du projet).	ARTICLE 47.
La déclaration imposée aux fondateurs de la société anonyme par l'article 3 est faite par le	Les obligations imposées aux fondateurs et admi-	Conforme.

par l'article 4, on aurait certainement vu des syndicats se former pour les souscriptions et jeter ensuite sur le marché les valeurs en provenant, laissant ainsi dans le silence les points essentiels que tout actionnaire a intérêt à connaître.

Article 45.

L'article 45 clôt le titre premier des sociétés anonymes. Il énonce que les sociétés anonymes autorisées pourront pendant toute leur durée rester soumises aux dispositions qui les régissent ou se transformer dans les termes de la loi.

La même faculté est réservée aux sociétés anonymes, et à responsabilité limitée, constituées conformément à la loi de 1867.

Aucune observation n'est à relever sur cet article.

TITRE II

Des Sociétés en commandite par actions.

Un des traits de la loi sur les sociétés par actions dont nous nous occupons, est l'ordre dans lequel nos législateurs l'établissent aujourd'hui.

La loi de 1867 s'était d'abord occupée des sociétés en commandite par actions, et en second lieu des sociétés anonymes. Les principales dispositions de celles-ci étaient empruntées aux articles réglant les sociétés en commandite par actions; aujourd'hui la situation est inverse.

En procédant ainsi, nos législateurs ont suivi la voie naturelle tracée par les transformations économiques auxquelles nous assistons, et qui leur permet de constater l'importance toujours croissante des sociétés anonymes par rapport à celles en commandite.

Il n'est pas nécessaire, en effet, d'être prophète pour prédire que la société en commandite par actions tend à disparaître. Comment en serait-il autrement quand on considère que le gérant d'une société en commandite doit abdiquer sa personnalité et subir l'étreinte de toutes les conditions statutaires dans lesquelles il est lié, absolument comme les administrateurs des sociétés anonymes, avec cette différence considérable sur ceux-ci, c'est qu'il demeure, lui, indéfiniment responsable à l'égard des tiers?

Article 46.

Le premier article de ce chapitre énonce que toutes les dispositions du titre premier de la loi afférentes aux sociétés anonymes sont applicables aux sociétés en commandite par actions, à l'exception des articles 2, 14, 15, 24, 25, 26 (§§ 1, 3 et 4), 27, 28, 38 et 39 que nous venons d'analyser.

Il suffit de se reporter à ces articles pour comprendre combien ces exceptions étaient justifiées, puisque les administrateurs sont remplacés ici par un gérant dont la responsabilité est indéfinie, et les commissaires par un conseil de surveillance *choisi cette fois parmi les actionnaires.*

Articles 47, 48, 49, 50, 51, 52, 53, 54.

Ces articles ont pour but de remplacer ceux du titre Ier de la présente loi que l'article 46 a déclarés ne pouvoir être appliqués aux sociétés en commandite par actions.

PROJET DU GOUVERNEMENT	TEXTE ADOPTÉ PAR LA COMMISSION DU SÉNAT	TEXTE ADOPTÉ PAR LE SÉNAT
·gérant. Elle est soumise, avec les pièces à l'appui, à la première assemblée générale qui en vérifie la sincérité.	nistrateurs des sociétés anonymes seront remplies par le gérant. Toutefois, l'article 17 ne lui est pas applicable. .	Conforme.
ARTICLE 49.	**ARTICLE 48 (49 du projet).**	. ARTICLE 48.
Un conseil de surveillance composé de trois actionnaires au moins est établi dans chaque société en commandite par actions	Conforme.	Conforme.
Ce conseil est nommé par l'assemblée générale des actionnaires immédiatement avant toute opération sociale.	Conforme.	Conforme.
Il est soumis à la réélection aux époques et suivant les conditions déterminées par les statuts.	Conforme.	Conforme.
Toutefois, le premier conseil n'est nommé que pour une année.	Conforme.	Conforme.
La société est constituée à partir de l'acceptation des membres désignés pour faire partie du conseil de surveillance.	Conforme.	Conforme.
Ce premier conseil doit, immédiatement après sa nomination, vérifier si toutes les dispositions de la loi ont été observées, et procéder comme il est dit à l'article 16.	Conforme.	Conforme.
ARTICLE 50.	**ARTICLE 49 (50 du projet).**	**ARTICLE 49.**
Les membres du conseil de surveillance n'encourent aucune responsabilité en raison des actes de la gestion et de leurs résultats.	Conforme.	Conforme.
Chaque membre du conseil de surveillance est responsable de ses fautes personnelles, dans l'exécution de son mandat, conformément aux règles du droit commun.	Conforme.	Conforme.
Les membres du conseil de serveillance ne sont pas civilement responsables des délits commis par le gérant.	Conforme.	Conforme.
ARTICLE 51.	**ARTICLE 50 (51 du projet).**	**ARTICLE 50.**
Les membres du conseil de surveillance vérifient les livres, la caisse, le portefeuille et les valeurs de la société.	Conforme.	Conforme.
Le conseil fait chaque année à l'assemblée générale un rapport dans lequel il doit signaler les irrégularités et inexactitudes qu'il a reconnues dans les inventaires, et constater, s'il y a lieu, les motifs qui s'opposent aux distributions des dividendes proposés par le gérant.	Conforme.	Conforme.
Le conseil peut convoquer l'assemblée générale et, conformément à son avis, provoquer la dissolution de la société.	Conforme.	Conforme.
ARTICLE 52.	**ARTICLE 51 (52 du projet).**	**ARTICLE 51.**
Quinze jours au moins avant la réunion de l'assemblée générale, tout actionnaire peut prendre par lui ou par un fondé de pouvoir, au siège social, communication du bilan, des inventaires et du rapport du conseil de surveillance.	Quinze jours au moins avant la réunion de l'assemblée générale, tout actionnaire peut prendre par lui ou par un fondé de pouvoir, au siège social, communication du bilan, de l'inventaire, et du rapport du conseil de surveillance.	Conforme.
ARTICLE 53.	**ARTICLE 52 (53 du projet).**	**ARTICLE 52.**
Est nulle et de nul effet, à l'égard des intéressés,	Est nulle et de nul effet, à l'égard des intéressés,	Conforme.

RAPPORT SUR LE PROJET DE LOI

Ils visent spécialement le rôle du gérant pris en remplacement des administrateurs, le rôle du conseil de surveillance pris en remplacement des commissaires.

Nous n'aurions aucune observation à présenter sur ces articles, si nous ne constations une antinomie entre l'article 48 et l'article 16 auquel il se réfère.

L'article 16, en effet, n'admet la société constituée que lorsque les commissaires ont vérifié si toutes les prescriptions contenues dans les articles précédents ont été observées.

L'article 48, au contraire, dit : « La société est constituée à partir de l'acceptation des membres dési-
» gnés pour faire partie du conseil de surveillance. Ce premier conseil doit immédiatement après sa nomi-
» nation vérifier si toutes les dispositions de la loi ont été observées, et procéder comme il est dit à
» l'article 16. »

La réserve stipulée à l'article 16 a ici été omise, et c'est cependant là qu'elle serait indispensable.

Nous avons déjà exprimé, à l'occasion de cet article, le regret que cette vérification fût imposée aux commissaires des sociétés anonymes qui se trouvent en présence d'administrateurs nécessairement porteurs d'actions; cette disposition aggrave, sans nécessité, le formalisme déjà assez complexe des sociétés par actions.

Il en est tout autrement des commissaires de surveillance. Ceux-ci sont choisis *parmi les actionnaires*. Quant au gérant, il peut, au contraire, être désigné sans posséder une seule action.

Les différences qui ressortent de ces situations sont frappantes.

La société en commandite par actions présente, par son conseil de surveillance, des responsabilités effectives que l'on n'exige pas des commissaires dans la société anonyme. Dans cette dernière ces responsabilités matérielles sont exigées seulement des administrateurs et nullement des commissaires.

Cette forme d'association diffère essentiellement de l'ancienne société en commandite, en ce que le commanditaire trouve dans l'action la mobilisation des capitaux qu'il avance, des facilités de cession, et finalement, par le rôle de membre du conseil de surveillance qu'il peut exercer, la possibilité d'une intervention quotidienne dans les agissements intérieurs de la société.

Autrefois, on le sait, il était au contraire interdit aux commanditaires de faire le moindre acte de gestion sous peine de demeurer obligé solidairement avec le gérant. Tandis que les commissaires des sociétés anonymes n'ont d'action que pendant trois mois de l'année, les membres du conseil des sociétés en commandite peuvent exercer quotidiennement leur surveillance.

Or, si on considère que le nombre des membres des sociétés en commandite par actions peut se réduire à quatre, puisque l'article 2 de la loi ne leur est pas applicable; qu'il suffit, en effet, d'un gérant et de trois membres composant le conseil de surveillance (articles 48 et 49), on comprend qu'il sera toujours possible à trois personnes qui voudront se livrer à des opérations aléatoires et limiter leurs risques, d'adopter cette forme de société, et de prendre pour gérant un homme de paille.

La responsabilité des membres du conseil de surveillance doit donc s'exercer ici avec toute la sévérité possible.

C'est là un point sur lequel nous ne saurions trop appeler l'attention de nos législateurs.

PROJET DU GOUVERNEMENT	TEXTE ADOPTÉ PAR LA COMMISSION DU SÉNAT	TEXTE ADOPTÉ PAR LE SÉNAT
toute société en commandite par actions constituée contrairement aux prescriptions des articles 3, 5, 9, 10, 11, 48 et 49 de la présente loi.	toute société en commandite par actions constituée contrairement aux prescriptions des articles 3, 5, 9, 10, 11, 47 et 48 de la présente loi.	
Cette nullité ne peut être opposée aux tiers par les associés.	Conforme.	Conforme.

<table>
<tr><td align="center">ARTICLE 54.</td><td align="center">ARTICLE 53 (54 du projet).</td><td align="center">ARTICLE 53.</td></tr>
<tr><td>Lorsque la société est annulée aux termes de l'article précédent, les membres du premier conseil de surveillance peuvent être déclarés responsables, avec le gérant, du dommage résultant pour la société ou pour les tiers de l'annulation de la société.</td><td>Conforme.</td><td>Conforme.</td></tr>
<tr><td>La même responsabilité peut être prononcée contre ceux des associés dont les apports ou les avantages n'auraient pas été vérifiés et approuvés conformément aux articles 10 et 11 ci-dessus.</td><td>Conforme.</td><td>Conforme.</td></tr>
</table>

<table>
<tr><td align="center">ARTICLE 55.</td><td align="center">ARTICLE 54 (55 du projet).</td><td align="center">ARTICLE 54.</td></tr>
<tr><td>Les dispositions des articles 2, 24, 25, 26, 27, 28, 39 et 40 ne s'appliquent pas aux sociétés en commandite par actions.</td><td>Les dispositions des articles 2, 14, 15, 24, 25, 26, paragraphes 1, 2 et 4, 27, 28, 38 et 39 ne s'appliquent pas aux sociétés en commandite par actions.</td><td>Conforme.</td></tr>
</table>

TITRE III

TITRE III	TITRE III	TITRE III
Dispositions particulières aux Sociétés à capital variable.	**Dispositions particulières aux Sociétés à capital variable.**	**Dispositions particulières aux Sociétés à capital variable.**

<table>
<tr><td align="center">ARTICLE 56.</td><td align="center">ARTICLE 55 (56 du projet).</td><td align="center">ARTICLE 55.</td></tr>
<tr><td>Il peut être stipulé dans les statuts de toute société que le capital social sera susceptible d'augmentation par des versements successifs faits par les associés ou l'admission d'associés nouveaux, et de diminution par la reprise totale ou partielle des apports effectués.</td><td>Conforme.</td><td>Conforme.</td></tr>
<tr><td>Les sociétés dont les statuts contiendront la stipulation ci-dessus seront soumises, indépendamment des règles générales qui leur sont propres suivant leur forme spéciale, aux dispositions des articles suivants.</td><td>Conforme.</td><td>Conforme.</td></tr>
</table>

<table>
<tr><td align="center">ARTICLE 57.</td><td align="center">ARTICLE 56 (57 du projet).</td><td align="center">ARTICLE 56.</td></tr>
<tr><td>Le capital ne peut être porté par les statuts constitutifs de la société au-dessus de la somme de 200,000 fr.</td><td>Conforme.</td><td>Conforme.</td></tr>
<tr><td>Il peut être augmenté par des délibérations de l'assemblée générale, prise d'année en année ; chacune des augmentations ne peut être supérieure à 200,000 fr.</td><td>Conforme.</td><td>Conforme.</td></tr>
</table>

<table>
<tr><td align="center">ARTICLE 58.</td><td align="center">ARTICLE 57 (58 du projet).</td><td align="center">ARTICLE 57.</td></tr>
<tr><td>Les actions ou coupons d'actions sont nominatifs, même après leur entière libération ; ils ne peuvent être inférieurs à 50 fr.</td><td>Les actions ou coupures d'actions sont nominatives, même après leur entière libération ; elles ne peuvent être inférieures à vingt-cinq francs.</td><td>Conforme.</td></tr>
<tr><td>Ils ne sont négociables qu'après la constitution définitive de la société.</td><td>Elles ne sont négociables qu'après la constitution définitive de la société.</td><td>Conforme.</td></tr>
<tr><td>La négociation ne peut avoir lieu que par voie de transfert sur les registres de la société, et les</td><td>Conforme.</td><td>Conforme.</td></tr>
</table>

TITRE III

Dispositions particulières aux Sociétés à capital variable.

Bien que les sociétés à capital variable n'aient pas correspondu dans leur développement aux espérances que certains économistes et utopistes généreux en avaient conçues, pour amener la conciliation dans l'état de lutte si injuste qui existe entre le capital et le travail, nos législateurs ont cru, comme leurs devanciers de 1867, devoir maintenir des dispositions particulières pour cette sorte de société.

Ces dispositions sont sensiblement les mêmes; on y a toutefois introduit trois modifications affirmant les idées libérales qui ont, une fois de plus, présidé à l'étude de cette question.

Et d'abord l'article 57 a abaissé à 25 francs le montant des actions ou coupures d'action antérieurement fixé à 50 francs.

On a effacé de l'ancien article 50 les restrictions relatives aux négociations qui ne pouvaient autrefois avoir lieu que par voie de transfert, sur les registres de la société, et permettaient d'établir dans les statuts la condition de donner soit au conseil d'administration, soit à l'assemblée générale, le droit de s'opposer aux transferts.

Enfin l'ancien article 52 qui ne laissait la possibilité de retrait à chaque actionnaire que sous la condition de rester tenu pendant cinq ans envers les associés et les tiers a été supprimé, et le nouvel article 60 réduit à deux années cette obligation, par analogie avec celle de l'actionnaire qui, dans les sociétés à capital fixe, cesse d'être responsable deux ans après la cession de son titre.

Il faut bien le reconnaître cependant : l'analogie que l'on a voulu établir n'est pas justifiée, et n'atteindra pas le résultat recherché.

L'actionnaire des sociétés à capital fixe qui cède son titre se substitue un acheteur qu'il doit supposer capable de remplir ses engagements à ses lieu et place. Demeurant responsable solidairement pendant deux années, il ne consentirait pas à cette vente s'il n'avait la conviction qu'elle lui offre toute sécurité.

Les tiers ne voient donc pas leur gage disparaître par le retrait du capital, comme cela a lieu dans la société à capital variable.

C'est parce que cette faculté de retrait est de l'essence même de la société à capital variable, que cette sorte de société n'obtient pas le crédit de ses sœurs aînées.

PROJET DU GOUVERNEMENT	TEXTE ADOPTÉ PAR LA COMMISSION DU SÉNAT	TEXTE ADOPTÉ PAR LE SÉNAT
statuts peuvent donner, soit au conseil d'administration, soit à l'assemblée générale, le droit de s'opposer au transfert.		
ARTICLE 59.	**ARTICLE 58 (59 du projet).**	**ARTICLE 58.**
Les statuts déterminent une somme au-dessous de laquelle le capital ne peut être réduit par les reprises des apports autorisées par l'article 56.	Conforme.	Conforme.
Cette somme ne peut être inférieure au dixième du capital social.	Conforme.	Conforme.
La société n'est définitivement constituée qu'après le versement du dixième.	Conforme.	Conforme.
ARTICLE 60.	**ARTICLE 59 (60 du projet).**	**ARTICLE 59.**
Chaque associé peut se retirer de la société lorsqu'il le juge convenable, à moins de conventions contraires et sauf l'application du paragraphe 1er de l'article précédent.	Conforme.	Conforme.
Il peut être stipulé que l'assemblée générale aura le droit de décider, à la majorité fixée pour la modification des statuts, que l'un ou plusieurs des associés cesseront de faire partie de la société.	Conforme.	Conforme.
L'associé qui cesse de faire partie de la société, soit par l'effet de sa volonté, soit par suite de décision de l'assemblée générale, reste tenu pendant cinq ans, envers les associés et envers les tiers, de toutes les obligations existant au moment de sa retraite.	Supprimé.	
	ARTICLE 60 (innové par la Commission).	**ARTICLE 60.**
	L'associé démissionnaire ou exclu ne peut provoquer la liquidation de la société; il a droit de recevoir sa part, telle qu'elle résulte du dernier bilan avant sa démission ou de son exclusion, dans les délais fixés par les statuts.	Conforme.
	Tout sociétaire démissionnaire ou exclu reste personnellement tenu dans les limites où il s'est engagé, et pendant deux ans à partir de sa démission ou de son exclusion, de tous les engagements de la société contractés à cette époque, sauf le cas où des prescriptions plus courtes sont établies par la loi.	Conforme.
ARTICLE 61.	**ARTICLE 61.**	**ARTICLE 61.**
La société, quelle que soit sa forme, est valablement représentée en justice par ses administrateurs.	Conforme.	Conforme.
ARTICLE 62.	**ARTICLE 62.**	**ARTICLE 62.**
La société n'est point dissoute par la mort, la retraite, l'interdiction, la faillite ou la déconfiture de l'un des associés; elle continue de plein droit entre les autres associés.	Conforme.	Conforme.
TITRE IV	**TITRE IV**	**TITRE IV**
Dispositions relatives à la publicité.	**Dispositions relatives à la publicité.**	**Dispositions relatives à la publicité.**
ARTICLE 63.	**ARTICLE 63.**	**ARTICLE 63.**
Il est créé un Recueil officiel pour la publication	La publication des actes et délibérations des	La publication des actes et délibérations des

Les affaires ont besoin de confiance. En élargissant les possibilités de réduire à plus bref délai les ressources de capital de ces sociétés, on aura au fond atténué encore cette confiance, et cette innovation, faite dans un but humanitaire, n'aura, à notre avis, d'autres conséquences que de frapper de stérilité à un plus haut degré ces combinaisons législatives.

TITRE IV

Dispositions relatives à la publicité.

Les conditions prévues au titre IV pour régler les dispositions relatives à la publicité sont, pour la plupart, reproduites de l'ancien titre IV de la loi de 1867, qui portait la même rubrique.

PROJET DU GOUVERNEMENT	TEXTE ADOPTÉ PAR LA COMMISSION DU SÉNAT	TEXTE ADOPTÉ PAR LE SÉNAT
des actes et délibérations des sociétés dont le capital est divisé en actions.	sociétés, dont le capital est divisé en actions, aura lieu dans un Recueil officiel.	sociétés dont le capital est divisé en actions aura lieu, quand elle est obligatoire, dans un *Bulletin annexe du Journal officiel.*
Un règlement d'administration publique déterminera les formes et conditions d'existence de ce Recueil et le jour à partir duquel les insertions y seront obligatoires.	Un règlement d'administration publique déterminera les formes et les conditions de cette publication et le jour à partir duquel les insertions y seront obligatoires.	Conforme.
		Dans les colonies, cette publication aura lieu dans le journal où sont insérés les actes officiels.

ARTICLE 64.

Quand la société se constitue au moyen de souscription publique, le projet d'acte de société doit être publié dans ce Recueil dix jours au moins avant l'ouverture de la souscription.	**ARTICLE 64.** Conforme.	**ARTICLE 64.** Conforme.

ARTICLE 65.

	ARTICLE 65.	ARTICLE 65.
Dans le mois de la constitution de toute société commerciale, un double de l'acte constitutif, s'il est sous seing privé, ou une expédition, s'il est notarié, est déposé aux greffes de la justice de paix et du tribunal de commerce du lieu dans lequel est établie la société.	Conforme.	Conforme.
A l'acte constitutif des sociétés anonymes et des sociétés en commandite par actions sont annexées :	Conforme.	Conforme.
1° Une expédition de l'acte notarié constatant la souscription du capital social et le versement du quart ;	Conforme.	Conforme.
2° Une copie certifiée du procès-verbal des délibérations prises par l'assemblée générale dans les cas prévus par les articles 5, 10, 11 et 32 ;	2° Une copie certifiée du procès-verbal des délibérations prises par l'assemblée générale dans les cas prévus par les articles 9, 10, 11, 15 et 48 ;	Conforme.
3° La liste nominative, dûment certifiée, des souscripteurs, contenant les noms, prénoms, qualités, demeure et le nombre d'actions de chacun d'eux.	Conforme.	Conforme.

ARTICLE 66.

	ARTICLE 66.	ARTICLE 66.
Dans le même délai d'un mois, un extrait de l'acte constitutif et des pièces annexées est publié dans l'un des journaux du département où peuvent être insérées les annonces légales et dans le *Recueil officiel,* si le capital de la société est divisé en actions.	Dans le même délai d'un mois, un extrait de l'acte constitutif et des pièces annexées est publié dans l'un des journaux du département du siège social, où peuvent être insérées les annonces légales, et en outre, si le capital de la société est divisé en actions, dans le *Recueil officiel.*	Conforme.
Il est justifié de l'insertion par un exemplaire du journal certifié par l'imprimeur, légalisé par le maire, et enregistré dans les trois mois de sa date.	Conforme.	Conforme.
Les formalités prescrites par les deux articles précédents et par le présent article seront observées, à peine de nullité, à l'égard des intéressés ; mais le défaut d'aucune d'elles ne peut être opposé aux tiers par les associés.	Conforme.	Conforme.
Les dispositions de l'article 44 de la présente loi s'appliquent à ces nullités.	Les dispositions de l'article 43 de la présente loi s'appliquent à ces nullités.	Conforme.

ARTICLE 67.

	ARTICLE 67.	ARTICLE 67.
L'extrait doit contenir les noms des associés autres que les actionnaires ou commanditaires ; la raison de commerce ou la dénomination adoptée par la société et l'indication du siège social ; la	Conforme.	Conforme.

RAPPORT SUR LE PROJET DE LOI

Comme lui, elles sont applicables à toutes espèces de société, *même celles en nom collectif*.

Les articles 63 et 64 créent cependant une innovation importante, en ce qu'ils exigent que la publication des actes et délibérations des sociétés dont le capital est divisé en actions ait lieu, quand elle est obligatoire, dans un *Bulletin annexe* du *Journal officiel*.

Si les sociétés se constituent au moyen de souscriptions publiques, le projet d'acte de société doit être publié dans ce recueil dix jours au moins avant l'ouverture de la souscription.

Quand on considère que si certaines sociétés ont cherché la publicité, d'autres avaient tant de raisons de la craindre, qu'elles satisfaisaient le vœu de la loi en la faisant exclusivement dans les journaux que personne ne lit, on s'étonne des controverses et des résistances auxquelles ces sages dispositions ont donné lieu.

Aujourd'hui, quand on recherchera un renseignement, on saura au moins dans quel organe le trouver, et il ne sera plus possible de se dérober aux conséquences de la publicité légale.

L'article 65 a également exigé pour les sociétés en commandite par actions la liste nominative des souscripteurs, et on se demande pourquoi la loi de 1867 les en avait dispensées.

Les explications que nous avons données à l'occasion de l'examen de la loi sur les sociétés en commandite par actions démontrent qu'il peut y avoir des inconvénients graves à ce que les fondateurs de ces sociétés échappent à cette publicité.

Les articles 66, 67, 68, 69, 70, 71 et 72 reproduisent les dispositions des articles 56, 57, 58, 59, 60, 61, 63 de l'ancienne loi.

Les dispositions additionnelles dont ils ont été l'objet sont logiques et ne donnent lieu à aucune observation. Nous demanderons cependant qu'à l'article 71, énonçant les actes et délibérations soumis aux formalités de publicité prescrites par les articles 65 et 66, soit comprise la diminution du capital. Cela mettra en effet cet article en harmonie avec les prescriptions des articles 33, 38, 56 et suivants du projet de loi.

L'article 73 donne droit à toute personne de se faire délivrer copie des pièces déposées aux greffes de la justice de paix et du tribunal de commerce, ou même de s'en faire délivrer, à ses frais, expédition ou extrait par le greffier ou par le notaire détenteur de la minute, tandis que l'ancien article 63 reconnaissait ce droit seulement lorsqu'il s'agissait d'une société en commandite par actions ou d'une société anonyme.

Cette faculté d'investigations dans les agissements intérieurs des associations *en nom collectif* nous paraît dépasser la mesure de la sécurité recherchée pour les tiers.

Il n'y a pas, en effet, pour ces dernières d'émission de titres négociables ou cessibles sur lesquels un marché peut s'établir et qu'il est indispensable d'étayer du pacte social, et d'autre part les associés collectifs étant indéfiniment responsables, il est sans utilité de connaître les détails de leur constitution intérieure, les capitaux versés, etc. Il est à remarquer d'ailleurs que les renseignements que l'on pourrait ainsi puiser demeureraient sans contrôle comme sans sanction.

Nous demandons donc le retour pur et simple à une rédaction identique à l'article 63 de la loi de 1867.

L'article 74, logique en cela avec les dispositions adoptées :

1° A l'article 4, « pour les indications que le bulletin de souscription doit contenir ».

2° A l'article 44, « pour la publicité faite dans le but de parvenir à la mise en vente d'actions non ordonnées par justice, » impose que les titres d'actions provisoires ou définitifs devront porter l'indication sommaire de :

1° L'objet et la durée de la société ;

2° La date de l'acte constitutif de la société et sa publication au recueil officiel ;

3° Le nombre d'actions et leur valeur nominale ;

4° La partie du capital social représentée par des apports en nature.

Cet article ne prescrit plus, comme le faisait l'article 64 de la loi de 1867, l'obligation d'énoncer le capital social sur tous les actes, factures, annonces et autres documents émanant des sociétés; mais il réserve que dans le cas où ce capital serait énoncé, on doit indiquer la *partie du capital restant à verser*.

PROJET DU GOUVERNEMENT	TEXTE ADOPTÉ PAR LA COMMISSION DU SÉNAT	TEXTE ADOPTÉ PAR LE SÉNAT

désignation des associés autorisés à gérer, administrer et signer pour la société; le montant du capital social et le montant des valeurs fournies ou à fournir par les associés, actionnaires ou commanditaires; l'époque où la société commence, celle où elle doit finir, la date du dépôt fait aux greffes de la justice de paix et du tribunal de commerce, et, s'il y a lieu, la clause des statuts prévue à l'article 29.

ARTICLE 68.

L'extrait doit énoncer que la société est en nom collectif ou en commandite simple, ou en commandite par actions, ou anonyme, ou à capital variable.

Si la société est anonyme, l'extrait doit énoncer le montant du capital social en numéraire et en autres objets, la quotité à prélever sur les bénéfices pour composer le fonds de réserve.

Si la société est à capital variable, l'extrait doit contenir l'indication de la somme au-dessous de laquelle le capital social ne peut être réduit.

ARTICLE 69.

Si la société a plusieurs maisons de commerce situées dans divers arrondissements, le dépôt prescrit par l'article 65 et la publicité prescrite par l'article 66 ont lieu dans chacun des arrondissements où existent les maisons de commerce.

Dans les villes divisées en plusieurs arrondissements, le dépôt est fait seulement au greffe de la justice de paix du principal établissement.

ARTICLE 70.

L'extrait des actes et pièces déposés est signé, pour les actes publics, par le notaire, et, pour les actes sous seing privé, par les associés en nom collectif, par les administrateurs des sociétés anonymes, ou par les gérants des sociétés en commandite.

ARTICLE 71.

Sont soumis aux formalités prescrites par les articles 65 et 66 :

Tous actes et délibérations ayant pour objet la modification des statuts, la continuation de la société au delà du terme fixé pour sa durée, la dissolution avant ce terme et le mode de liquidation, tout changement ou retraite d'associé et tout changement à la raison sociale.

Sont également soumises aux dispositions des articles 65 et 66 les délibérations prises dans les cas prévus par les articles 39, 46 et 57 ci-dessus.

ARTICLE 72.

Ne sont pas assujettis aux formalités de dépôt et de publication les actes constatant les augmentations ou les diminutions du capital social opérées

---

TEXTE ADOPTÉ PAR LA COMMISSION DU SÉNAT

ARTICLE 68.

Conforme.

Conforme.

Conforme.

ARTICLE 69.

Conforme.

Conforme.

ARTICLE 70.

Conforme.

ARTICLE 71.

Sont soumis aux formalités prescrites par les articles 65 et 66 :

Tous actes et délibérations ayant pour objet l'augmentation du capital social, la modification des statuts... (le surplus comme à l'article).

Sont également soumises aux dispositions des articles 65 et 66 les délibérations prises dans les cas prévus par les articles 38, 45 et 56 ci-dessus.

ARTICLE 72.

Ne sont pas assujettis aux formalités de dépôt et de publication les actes constatant les augmentations ou les diminutions du capital social opérées

---

TEXTE ADOPTÉ PAR LE SÉNAT

ARTICLE 68.

Conforme.

Conforme.

Conforme.

ARTICLE 69.

Conforme.

Conforme.

ARTICLE 70.

Conforme.

ARTICLE 71.

Conforme.

Tous actes et délibérations ayant pour objet l'augmentation du capital social, la modification des statuts au delà du terme fixé pour sa durée, la dissolution avant ce terme et le mode de liquidation, tout changement ou retraite d'associé et tout changement à la raison sociale, tout changement ou modification voté en vertu des dispositions du paragraphe 2 de l'article 23.

Conforme.

ARTICLE 72.

Conforme.

RAPPORT SUR LE PROJET DE LOI

Grâce à ces précautions, il ne sera plus possible de faire miroiter aux yeux du public des chiffres éblouissants sur lesquels trop souvent un quart à peine était versé, et ceux qui se laisseront tromper à l'avenir n'auront plus à se plaindre que de leur légèreté ou de leur ignorance.

PROJET DU GOUVERNEMENT	TEXTE ADOPTÉ PAR LA COMMISSION DU SÉNAT	TEXTE ADOPTÉ PAR LE SÉNAT

dans les termes de l'article 56, ou les retraites d'associés autres que les gérants ou administrateurs, qui auraient lieu conformément à l'article 60.

dans les termes de l'article 55, ou les retraites d'associés autres que les gérants ou administrateurs, qui auraient lieu conformément à l'article 59.

ARTICLE 73.

Toute personne a le droit de prendre communication des pièces déposées aux greffes de la justice de paix et du tribunal de commerce, ou même de s'en faire délivrer à ses frais expédition ou extrait par le greffier ou par le notaire détenteur de la minute.

Lorsqu'il s'agit d'une société anonyme ou en commandite par actions, toute personne peut exiger qu'il lui soit délivré, au siège de la société, une copie certifiée des statuts, moyennant le paiement d'une somme qui ne peut excéder 1 fr.

ARTICLE 73.

Conforme.

Conforme.

ARTICLE 73.

Conforme.

Conforme.

ARTICLE 74.

Dans tous les actes, factures, annonces, publications et autres documents, imprimés ou autographiés, la dénomination sociale doit toujours être précédée ou suivie immédiatement de ces mots, écrits lisiblement en toutes lettres : « Société anonyme » ou « Société en commandite par actions ».

Si ces actes, factures, annonces, publications et autres documents portent l'énonciation du capital social, ils doivent indiquer la partie du capital restant à verser.

Si la société est à capital variable, cette circonstance doit être mentionnée par l'addition de ces mots : « à capital variable ».

Les titres d'actions provisoires ou définitifs doivent porter l'indication sommaire de :

1° L'objet et la durée de la société ;

2° La date de l'acte constitutif de la société et de sa publication au Recueil officiel ;

3° Le nombre d'actions et leur valeur nominale ;

4° La partie du capital social représentée par les apports en nature.

ARTICLE 74.

Conforme.

Conforme.

Conforme.

Conforme.

ARTICLE 74.

Conforme.

Conforme.

Conforme.

Conforme.

TITRE V

Dispositions relatives aux obligations.

ARTICLE 75.

Les sociétés ne peuvent émettre d'obligations remboursables par voie de tirage au sort à un taux supérieur au prix d'émission qu'à la condition que ces obligations rapportent 3 0/0 d'intérêt au moins et que toutes soient remboursables par la même somme, à peine de nullité.

TITRE V

Dispositions relatives aux obligations.

ARTICLE 75.

Conforme.

ARTICLE 76 (innové par la Commission).

En cas de liquidation ou de faillite, ces obligations seront admises au passif pour une somme totale égale au capital qu'on obtiendra, en ramenant à leur valeur actuelle, au taux réel de l'intérêt de l'emprunt, les annuités d'intérêt et

TITRE V

Dispositions relatives aux obligations.

ARTICLE 75.

Conforme.

ARTICLE 76.

Conforme.

TITRE V

Dispositions relatives aux obligations.

L'importance que les émissions d'obligations des sociétés par actions ont prise devait nécessairement solliciter l'attention du gouvernement.

Impressionné de l'état d'isolement dans lequel les obligataires se trouvaient pour exercer la défense de leurs intérêts, il a voulu, par des dispositions spéciales, les mettre en mesure de se réunir et d'établir entre eux des liens identiques à ceux qui unissent les actionnaires.

Il a voulu également leur donner certaines garanties qui étaient vraiment nécessaires.

L'article 75 ne permet l'émission d'obligations remboursables par voie de tirage au sort à un taux supérieur au prix d'émission qu'à la condition que ces obligations rapportent 3 0/0 d'intérêt au moins et que toutes soient remboursables pour la même somme.

Cette restriction à la liberté des conventions choque à première vue.

PROJET DU GOUVERNEMENT	TEXTE ADOPTÉ PAR LA COMMISSION DU SÉNAT	TEXTE ADOPTÉ PAR LE SÉNAT
	d'amortissement qui restent à échoir. Chaque obligation sera admise pour une somme égale au quotient obtenu en divisant ce capital par le nombre des obligations non encore éteintes.	
	Toutefois dans le cas où les obligations comprises dans une même série ne sont pas émises à des conditions identiques, le taux de l'escompte des annuités à échoir est fixé à 5 p. 100.	Conforme.

ARTICLE 76.

Avant toute émission d'obligations, les administrateurs ou les gérants doivent publier dans le Recueil officiel un avis énonçant :

1° L'objet de la société;

2° La date de l'acte de société et de celle de la publication au Recueil officiel, soit de l'extrait de cet acte, soit des modifications apportées aux statuts ;

3° Le montant des obligations déjà émises par la société;

4° Le nombre et la valeur nominale des obligations à émettre, l'intérêt à payer pour chacune d'elles, l'époque et les conditions du remboursement;

5° Le dernier bilan et, s'il n'en a pas été dressé encore, la situation de la société.

Dans les cas, soit d'émission, soit de mise en vente publique d'obligations, non ordonnée par justice, les affiches, prospectus, insertions dans les journaux, circulaires, ainsi que les bulletins de souscription ou d'achat, doivent contenir les mêmes énonciations, à l'exception de celle mentionnée sous le n° 5.

Ces énonciations doivent être reproduites sur les titres d'obligations provisoires ou définitifs.

ARTICLE 77 (76 du projet).

Conforme.

5° Le dernier bilan ou la mention qu'il ne n'a pas été dressé encore.

Dans le cas, soit d'émission, soit de mise en vente publique d'obligations, non ordonnée par justice, les affiches, prospectus, insertions dans les journaux, circulaires, ainsi que les bulletins de souscription ou d'achat, les titres d'obligations provisoires ou définitifs, doivent contenir les mêmes énonciations, à l'exception de celle mentionnée sous le numéro 5.

Supprimé.

ARTICLE 77.

Conforme.

Conforme.

Conforme.

ARTICLE 77.

Les porteurs d'obligations ont la faculté de se réunir en quelque nombre que ce soit et de nommer des mandataires chargés de représenter ceux qui se sont ainsi réunis ou quelques-uns d'entre eux.

ARTICLE 78 (77 du projet).

Conforme.

ARTICLE 78.

Conforme

ARTICLE 78.

Les porteurs d'obligations, formant au moins le vingtième du capital représenté par chaque série d'obligations, peuvent aussi, dans un intérêt commun, charger, à leurs frais, un ou plusieurs mandataires de les représenter en justice, et de soutenir collectivement, tant en demandant qu'en défendant, toutes les actions qui peuvent les concerner comme créanciers.

ARTICLE 79 (78 du projet).

Les porteurs d'obligations, formant le vingtième au moins du capital représenté par chaque série d'obligations, peuvent aussi, dans un intérêt commun, charger, à leurs frais, des mandataires au nombre de trois au plus, de les représenter... (le reste comme à l'article).

ARTICLE 79.

Conforme.

ARTICLE 79.

Lorsque la convocation d'une assemblée générale des porteurs d'obligations a été une des conditions de l'emprunt, cette assemblée est convoquée, à la diligence des administrateurs ou gérants de la

ARTICLE 80 (79 du projet).

Conforme.

ARTICLE 80.

Conforme.

RAPPORT SUR LE PROJET DE LOI

Elle est en contradiction avec la loi du 12 janvier 1886, qui a rendu le taux de l'intérêt d'argent libre en matière commerciale.

Elle s'imposait cependant si on voulait maintenir aux obligations le cachet du placement du père de famille, et ne pas permettre que les émissions devinssent de véritables loteries.

L'article 76 détermine les bases de l'admission des obligations au passif en cas de liquidation ou de faillite, et dégage la situation de toutes les incertitudes antérieures.

L'article 77 impose aux administrateurs ou gérants, avant toute émission, de publier dans le *Bulletin officiel* :

1° L'objet de la société ;

2° La date de l'acte de société et celle de la publication au *Bulletin officiel*, soit de l'extrait de cet acte, soit des modifications apportées aux statuts ;

3° Le montant des obligations déjà émises par la société ;

4° Le nombre et la valeur nominale des obligations à émettre, l'intérêt à payer pour chacune d'elles, l'époque et les conditions de remboursement ;

5° Le dernier bilan, ou la mention qu'il n'en a pas été dressé encore.

Les bulletins de souscription ou d'achat, les titres d'obligations provisoires ou définitifs, les affiches, les prospectus, les insertions dans les journaux devront contenir les mêmes énonciations dans les cas soit d'émissions, soit de ventes publiques d'obligations, non ordonnées par justice.

Enfin les articles 78 à 87 règlent le droit de réunion des porteurs d'obligations, celui de nommer des mandataires chargés de représenter ceux qui sont réunis, ou quelques-uns d'entre eux, même en justice, quand leur groupe forme au moins le vingtième du capital représenté par chaque série d'obligations.

Lorsque la convocation d'une assemblée générale a été l'une des conditions de l'emprunt, il est nommé trois commissaires choisis parmi les obligataires qui, s'ils ne peuvent s'immiscer dans la gestion des affaires sociales, ont cependant droit aux mêmes communications, délivrance de pièces ou de copies que les actionnaires et aux mêmes époques.

Ils peuvent assister à toutes les assemblées générales d'actionnaires, sans participer ni aux discussions ni aux votes.

Les mandataires nommés conformément à l'article 79 ont le même droit.

Ils peuvent faire convoquer l'assemblée générale des obligataires aux frais de la société aussi souvent qu'il y aura des assemblées générales d'actionnaires, et la convoquer eux-mêmes aux frais des obligataires quand ils le voudront.

Ils doivent veiller, lorsqu'il y aura lieu, à la réalisation des privilèges, hypothèques, s'assurer que les fonds empruntés reçoivent bien la destination indiquée, etc., etc.

Toutes ces prescriptions nous paraissent inspirées par les meilleures intentions, mais nous sommes là en présence d'une législation absolument nouvelle dont il nous paraîtrait téméraire de préjuger dès aujourd'hui les conséquences, et l'avenir seul nous enseignera les précautions qui dépassent la mesure et les lacunes à combler.

Ne devons-nous pas craindre, par exemple, que cette ingérance des commissaires dans l'administration des sociétés pour s'assurer que les fonds empruntés reçoivent la destination indiquée ; que la présence des commissaires obligataires aux assemblées générales des actionnaires ne deviennent des causes fréquentes de conflits et de difficultés?

Qu'il nous soit permis encore de signaler deux points qui nous paraîtraient pouvoir, dès aujourd'hui, être l'objet d'additions à cette partie de la loi.

L'article 80 a été l'occasion d'une modification importante au projet du gouvernement.

Il disait, article 79 : « L'assemblée générale désigne un ou plusieurs commissaires pris *ou non* parmi » les porteurs d'obligations. »

Le Sénat, après de longues controverses, a compris le péril qu'offrait la possibilité de nommer des commissaires en dehors des obligataires. Il n'a pas voulu qu'il fût possible d'introduire dans des sociétés des agents spéciaux à l'affût de toutes les difficultés et que l'on appelle quelquefois « des maîtres » chanteurs », pour nous servir de l'expression de l'honorable M. Brunet, qui a soutenu la discussion au

PROJET DU GOUVERNEMENT	TEXTE ADOPTÉ PAR LA COMMISSION DU SÉNAT	TEXTE ADOPTÉ PAR LE SÉNAT
société, dans le mois qui suit, soit le commencement de l'émission, soit la clôture de la souscription. Elle désigne un ou plusieurs commissaires pris ou non parmi les porteurs d'obligations. A défaut de nomination de commissaires par l'assemblée, ou en cas de refus d'un ou de plusieurs des commissaires nommés, il est procédé à leur nomination ou à leur remplacement par ordonnance du président du tribunal de commerce du siège de la société, à la requête de tout intéressé. Les pouvoirs des commissaires durent jusqu'à ce qu'ils aient été remplacés ou réélus dans une assemblée ultérieure.	Elle désigne un ou trois commissaires au plus... (le reste comme à l'article).	Conforme.
ARTICLE 80.	ARTICLE 81 (80 du projet).	ARTICLE 81.
Les commissaires ne peuvent s'immiscer dans la gestion des affaires sociales; ils ont droit aux mêmes communications, délivrances de pièces ou de copies, que les actionnaires et aux mêmes époques; ils peuvent assister à toutes les assemblées générales quelconques des actionnaires, sans participer ni aux discussions ni aux votes.	Conforme.	Conforme.
	Les mandataires nommés conformément à l'article 79 auront les mêmes droits.	Conforme.
ARTICLE 81.	ARTICLE 82 (81 du projet).	ARTICLE 82.
Ils peuvent demander aux administrateurs ou gérants de la société de convoquer l'assemblée des porteurs d'obligations autant de fois qu'il y aura des assemblées générales d'actionnaires et aux frais de la société. Ils peuvent aussi convoquer eux-mêmes les porteurs d'obligations hors des cas ci-dessus prévus, mais aux frais de ceux d'entre eux qui composent cette assemblée spéciale.	Les commissaires peuvent... (la suite comme à l'article).	Conforme.
ARTICLE 82.	ARTICLE 83 (82 du projet).	ARTICLE 83.
Au cas spécial où des sûretés particulières, comme des privilèges ou hypothèques, ou d'autres causes légitimes de préférence, doivent appartenir aux porteurs d'obligations, les commissaires ont qualité pour provoquer et consentir, au nom de l'assemblée desdits porteurs, tous actes relatifs à ces sûretés. Dans ce cas, la convocation de l'assemblée des porteurs d'obligations par les administrateurs ou gérants est obligatoire, quand bien même il n'en serait pas fait mention dans les conditions de l'emprunt.	Conforme.	Conforme.
ARTICLE 83.	ARTICLE 84 (83 du projet).	ARTICLE 84.
Les commissaires peuvent et doivent surveiller l'emploi des fonds empruntés, si la destination des fonds a été indiquée lors de l'émission des obligations et si une sûreté particulière doit résulter de leur emploi.	Les commissaires doivent surveiller l'emploi des fonds empruntés, si la destination des fonds a été indiquée lors de l'émission des obligations.	Les commissaires doivent s'assurer que les fonds empruntés reçoivent la destination indiquée lors de l'émission des obligations.
ARTICLE 84.	ARTICLE 85 (84 du projet).	ARTICLE 85.
Lorsqu'un emprunt à réaliser sous forme d'obligations devra avoir pour sûreté la concession d'une hypothèque, la délibération ou l'acte autorisant cette hypothèque sera constaté en la forme notariée.	Conforme.	Conforme.

RAPPORT SUR LE PROJET DE LOI

Sénat. Il a supprimé les mots *ou non* et les commissaires ne pourront être choisis que parmi les obligataires.

Nous avons déjà eu l'occasion au courant de cet examen d'exprimer notre opinion sur la nomination des commissaires *pris en dehors des intéressés directs*. Nous ne pouvons donc qu'applaudir à la modification apportée par le Sénat; aussi demanderons-nous que les articles 78 et 79 soient mis en harmonie avec l'article 80, et qu'il soit bien entendu que les mandataires ne pourront également être choisis que parmi les obligataires.

Il nous semblerait aussi utile de prescrire que les sociétés ne pourront émettre d'obligations qu'*après avoir appelé le versement complet du capital social*.

La spéculation sur les titres est la plaie la plus redoutable des sociétés. Pourquoi favoriser des émissions fiduciaires qui l'encouragent alors que ces émissions sont créées sans besoin?

Quelle est en effet la nécessité pour une société d'émettre des obligations lorsqu'elle a encore la moitié de son capital à faire rentrer?

Ne faut-il pas reconnaître que ces procédés étranges sont inspirés exclusivement par cette fièvre de spéculation contre laquelle on veut réagir? Car il est plus facile de majorer un titre de cinq cents francs quand il n'est libéré que de cent vingt-cinq francs, que d'obtenir cette majoration quand la somme est entièrement versée.

Cela est élémentaire, et nous espérons que si nos législateurs veulent prescrire la mesure que nous indiquons, elle exercera une influence salutaire sur la moralisation de la constitution des sociétés et la tenue du marché financier, en même temps qu'elle deviendra pour les obligataires la certitude d'une garantie de plus.

PROJET DU GOUVERNEMENT	TEXTE ADOPTÉ PAR LA COMMISSION DU SÉNAT	TEXTE ADOPTÉ PAR LE SÉNAT
		L'acte notarié, s'il s'agit d'une délibération du conseil d'administration, sera signé par les administrateurs présents, et s'il s'agit d'assemblées générales, par le président du bureau et deux scrutateurs; toutes les pièces relatives à la convocation et à la constitution de l'assemblée, telle que journaux, lettres d'avis, feuilles de présence, pouvoirs sous seing privé ou notariés des actionnaires qui se font représenter, restent déposés au siège social pour être communiqués à tout requérant, comme le prescrit l'article 19.
Les administrateurs ou gérants devront requérir dans les formes ordinaires une inscription éventuelle au profit de la masse des futurs porteurs d'obligations.	Conforme.	Conforme.
L'hypothèque ultérieurement constituée prendra rang du jour de cette inscription.	Conforme.	Conforme.
L'inscription devra être rendue définitive, à peine de péremption, dans le délai de six mois, par la mention en marge du nom des commissaires nommés conformément à l'article 82, et de la date de l'acte constitutif d'hypothèque.	Conforme.	Conforme.

Article 85.

L'assemblée des porteurs d'obligations, quand elle est rendue obligatoire, est précédée de deux avis, publiés à huit jours d'intervalle, dans le *Recueil officiel*. Ces avis indiquent le lieu, la date, le but de la séance et le dernier délai pour le dépôt des titres avant l'assemblée.

Cette assemblée, pour délibérer valablement, doit réunir un nombre de porteurs d'obligations représentant le quart du montant nominal de l'emprunt. Tout porteur d'obligations peut y prendre part avec un nombre de voix égal à celui des obligations dont il est porteur comme propriétaire et mandataire, sans que ce nombre de voix puisse être supérieur à vingt.

Si une première assemblée ne réunit pas un nombre suffisant de porteurs d'obligations, une seconde assemblée sera convoquée dans la forme prévue au paragraphe 1er. Cette seconde assemblée pourra délibérer valablement, quelle que soit la portion du capital de l'emprunt représentée par les obligataires présents.

Article 86.

L'assemblée des porteurs d'obligations, quand elle est obligatoire... (Le reste comme à l'article.)

Conforme.

Conforme.

Article 86.

L'assemblée des porteurs d'obligations, quand elle est obligatoire, est précédée de deux avis, publiés à huit jours d'intervalle, dans le *Bulletin officiel*. Ces avis indiquent le lieu, la date, le but de la séance et le dernier délai pour le dépôt des titres avant l'assemblée.

Conforme.

Conforme.

Article 86.

Les dispositions du présent titre ne font pas obstacle à l'exercice des actions individuelles appartenant à chaque porteur.

Article 87 (86 du projet).

Conforme.

Article 87.

Conforme.

TITRE VI

Des Tontines, des Sociétés d'assurances et des Sociétés civiles.

TITRE VI

Des Tontines et des Sociétés d'assurances.

TITRE VI

Des Tontines et des Sociétés d'assurances.

Article 87.

Les associations de la nature des tontines et les sociétés d'assurances sur la vie mutuelles ou à

Article 88 (87 du projet).

Conforme.

Article 88.

Conforme.

TITRE VI

Des Tontines et des Sociétés d'assurances.

L'article 88 maintient, comme la loi de 1867, l'exception qui oblige les associations de la nature des tontines et des sociétés d'assurances sur la vie à se soumettre à l'autorisation et à la surveillance du gouvernement.

8

PROJET DU GOUVERNEMENT	TEXTE ADOPTÉ PAR LA COMMISSION DU SÉNAT	TEXTE ADOPTÉ PAR LE SÉNAT

primes sont soumises à l'autorisation et à la surveillance du Gouvernement.

Le mode d'exercice de la surveillance du Gouvernement sera déterminé par un règlement d'administration publique.

    Conforme.

    Conforme.

Les sociétés par actions d'assurances sur la vie sont de plus soumises aux dispositions de la présente loi.

    Les sociétés d'assurances sur la vie sont d'ailleurs soumises aux dispositions de la présente loi.

    Conforme.

Article 88.

Les autres sociétés d'assurances peuvent se former sans autorisation; elles restent soumises au décret du 22 janvier 1868.

Les sociétés d'assurances qui existaient avant la loi du 24 juillet 1867, continuent à pouvoir se placer sous le régime du décret du 22 janvier 1868, sans l'autorisation du Gouvernement, en observant les formes et les conditions prescrites pour la modification de leurs statuts.

Article 89 (88 du projet).

    Conforme.

Celles de ces sociétés d'assurances qui existaient..... (le reste comme à l'article).

Article 89.

    Conforme.

    Conforme.

Article 89.

Les sociétés civiles qui divisent leur capital en actions doivent se conformer aux prescriptions de la présente loi sous les mêmes sanctions civiles ou pénales.

Article 89 du projet.

Transporté au titre IX.

TITRE VII
Des Sociétés étrangères.
Article 90.

Les sociétés étrangères par actions, constituées conformément aux lois de leur pays, peuvent exercer en France tous les droits accordés aux étrangers, lorsqu'un décret, rendu dans la forme de règlement d'administration publique, a, par mesure générale, autorisé les sociétés de ce pays à exercer tous leurs droits et à ester en justice en France.

TITRE VII
Des Sociétés étrangères.
Article 90.

Les sociétés étrangères par actions, constituées conformément aux lois de leur pays, peuvent exercer en France tous les droits accordés aux étrangers, lorsqu'un décret, rendu dans la forme de règlement d'administration publique, a, par mesure générale, permis aux sociétés de ce pays d'exercer tous leurs droits et d'ester en justice en France.

TITRE VII
Des Sociétés étrangères.
Article 90.

    Conforme.

Article 91.

Les associations étrangères de la nature des tontines et les compagnies d'assurances sur la vie mutuelles ou à primes sont soumises aux dispositions de l'article 87 de la présente loi. Un règlement d'administration publique déterminera le délai dans lequel ces associations, fonctionnant actuellement en France, devront se conformer aux dispositions qui précèdent.

Article 91.

Les associations étrangères de la nature des tontines et des compagnies d'assurances sur la vie mutuelles ou à primes sont soumises aux dispositions de l'article 88.

Elles sont tenues de déposer à la Caisse des dépôts et consignations un cautionnement qui sera affecté, par privilège au profit des assurés, à la garantie des opérations faites en France, et qui sera proportionné à l'importance des sommes encaissées par ces compagnies.

Le règlement d'administration publique prévu par l'article 88 déterminera le taux et la nature du cautionnement, les conditions du retrait et le mode spécial de surveillance auquel ces sociétés seront soumises; il fixera le délai qui leur sera accordé, si elles fonctionnent actuellement en France,

Article 91.

    Conforme.

Elles sont tenues de déposer un cautionnement à la Caisse des dépôts et consignations.

Ce cautionnement se composera de versements annuels, successifs, destinés, à titre de réserves, à couvrir le total des risques en cours en France.

Elles sont de plus assujetties aux dispositions du présent projet.

De la même façon, l'article 89 maintient pour les autres sociétés d'assurances la possibilité de se former sans autorisation du gouvernement, et il rappelle, comme en 1867, que celles de ces sociétés qui existaient avant la loi du 24 juillet resteront, si elles le veulent, sous le régime du décret du 22 janvier 1868.

Cette exception qui frappe les sociétés d'assurances sur la vie, alors que toutes les autres jouissent des libertés les plus complètes pour leur formation, nous paraît parfaitement justifiée.

En effet, le contrat d'assurances incendie ou maritime, par exemple, est d'une durée généralement courte, et, à de rares exceptions près, les parties se retrouvent en présence lorsque des questions de règlement interviennent. A l'inverse, le contrat d'assurances sur la vie est généralement fait à très long terme, quand il ne l'est pas pour la vie entière, et souvent l'assuré a disparu quand l'heure de l'exécution du contrat a sonné.

Il y a dans ces sortes de contrats une affaire sans doute, mais qui se trouve intimement liée à une question de sentiment de l'ordre le plus élevé : le père de famille prévoyant s'impose des sacrifices pendant sa vie pour assurer, quand il aura disparu de ce monde, l'existence de ses affections. Il convenait de lui laisser la sécurité que, lorsqu'il ne sera plus là pour défendre les engagements pris, ses ayants-droit rencontreront au besoin, si cela était nécessaire, la protection tutélaire du gouvernement.

Sans doute, les événements marcheront.

Sans doute, il arrivera un moment où on réclamera pour les sociétés d'assurances sur la vie la possibilité de se constituer sans l'autorisation du gouvernement ; mais nous exprimons le vœu que, lorsque ce moment sera venu, ces sociétés aient toujours, au moins comme contrepoids de leurs agissements, la surveillance de l'État.

TITRE VII

Des Sociétés étrangères.

Toutes les dispositions de ce titre qui comprend les articles 90, 91, 92, 93, 94, 95 et 96 n'ont eu d'autre but que d'imposer aux sociétés étrangères qui voudraient fonctionner en France, les mêmes obligations que celles régissant les sociétés françaises.

Elles mettent successivement en harmonie leurs conditions d'existence sur notre territoire, leurs facultés d'émission ou de souscription d'actions ou d'obligations, en établissant pour elles le même régime, les mêmes précautions ou restrictions que celles déterminées pour les sociétés d'assurances sur la vie.

Enfin elles leur imposent l'obligation de déposer à la Caisse des dépôts et consignations un cautionnement qui sera affecté par privilège, au profit des assurés, à la garantie des opérations faites en France.

On ne peut en principe qu'applaudir à ces mesures.

A priori, il semble naturel, en effet, que des compagnies auxquelles la surveillance de l'État impose au nom de la sécurité de leurs assurés des placements certains, mais de peu de rapport, ne puissent soutenir la concurrence de sociétés étrangères dégagées, jusqu'à ce jour, de ces obligations, si ces dernières n'étaient assujetties désormais à des charges équivalentes, au versement d'un cautionnement, à l'exécution d'un formalisme qui les placent dans les mêmes conditions que les sociétés françaises.

Toutefois, si on examine quelles seront les conséquences économiques au point de vue commercial de ces dispositions législatives, ne peut-on pas se demander si, à l'avenir, les compagnies étrangères, pouvant invoquer les nouvelles sécurités qu'elles vont offrir, n'enlèveront pas un très grand nombre d'affaires aux compagnies françaises ?

PROJET DU GOUVERNEMENT	TEXTE ADOPTÉ PAR LA COMMISSION DU SÉNAT	TEXTE ADOPTÉ PAR LE SÉNAT

PROJET DU GOUVERNEMENT

TEXTE ADOPTÉ PAR LA COMMISSION DU SÉNAT

pour se conformer aux prescriptions de la présente loi.

TEXTE ADOPTÉ PAR LE SÉNAT

Ces réserves seront calculées d'après les formules qui auront été indiquées par le règlement d'administration publique prévu par l'article 88.

Le cautionnement, qui sera effectué en valeurs françaises déterminées par ce règlement, sera affecté, par privilège, au profit des assurés, à la garantie des opérations faites en France.

Le règlement déterminera les conditions du retrait du cautionnement, le mode spécial de surveillance auquel les sociétés dont il s'agit seront soumises, et les obligations auxquelles elles seront assujetties pour la publication périodique du compte rendu de leurs opérations.

Il fixera le délai qui leur sera accordé, si elles fonctionnent actuellement en France, pour se conformer aux prescriptions de la présente loi.

ARTICLE 92.

Les actions des sociétés étrangères ne peuvent être émises ou négociées en France qu'autant qu'elles ne sont pas de moins de 100 francs, quand le capital social n'excède pas 200,000 francs, ni moins de 500 francs lorsqu'il est supérieur.

En outre, aucune négociation de ces actions ne peut avoir lieu avant la souscription de la totalité du capital social, le versement par chaque actionnaire du quart du montant des actions par lui souscrites et la constitution définitive de la société.

ARTICLE 92.

Les actions des sociétés étrangères ne peuvent être émises ou négociées en France qu'autant qu'elles ne sont pas de moins de 50 francs quand le capital social n'excède pas 100,000 francs, de moins de 100 francs quand ce capital n'excède pas 200,000 francs, ni de moins de 500 francs lorsqu'il est supérieur.

Conforme.

ARTICLE 92.

Les actions des sociétés étrangères ne peuvent être émises ou négociées en France qu'autant qu'elles ne sont pas de moins de 50 fr. quand le capital social n'excède pas 100,000 fr., de moins de 100 fr. quand le capital est supérieur à 100,000 fr. et n'excède pas 200,000 fr., ni de moins de 500 fr. lorsqu'il est supérieur.

Conforme.

ARTICLE 93.

Les obligations des sociétés étrangères remboursables à un taux supérieur au prix d'émission ne peuvent être émises ou négociées en France qu'autant qu'elles répondent aux conditions fixées par l'article 75.

ARTICLE 93.

Conforme.

ARTICLE 93.

Conforme.

ARTICLE 94.

Les formalités de publicité des articles 63 et suivants doivent être remplies par lesdites sociétés, lorsqu'elles établissent en France une succursale.

Ces formalités sont observées à peine de nullité des opérations conclues en France, mais le défaut d'aucune d'elles ne peut être opposé aux tiers par les sociétés.

Tous les actes émanant de cette succursale doivent porter en tête la mention « Société étrangère », suivie de l'indication du lieu de constitution de la société et, en outre, les diverses énonciations prescrites par l'article 74, paragraphes 1, 2 et 3 de la présente loi.

ARTICLE 94.

Conforme.

Conforme.

Conforme.

ARTICLE 94.

Conforme.

Conforme.

Conforme.

ARTICLE 95.

Les formalités de publicité requises par les articles 4, 45, 64 et 76 de la présente loi sont applicables aux souscriptions et aux ventes publiques,

ARTICLE 95.

Les formalités de publicité requises par les articles 4, 44, 64 et 77 de la présente loi... (la suite comme à l'article).

ARTICLE 95.

Les formalités de publicité requises par les articles 4, 44, 64 et 77 de la présente loi sont applicables aux souscriptions et aux ventes publi-

RAPPORT SUR LE PROJET DE LOI

Nous savons bien que ce sera vraisemblablement au profit des assurés; mais les assureurs représentent également des intérêts français, et il est assez difficile de préjuger de quel côté l'intérêt final le plus considérable versera.

PROJET DU GOUVERNEMENT	TEXTE ADOPTÉ PAR LA COMMISSION DU SÉNAT	TEXTE ADOPTÉ PAR LE SÉNAT

non ordonnées par justice, d'actions et d'obligations de sociétés étrangères.

ques, non ordonnées par justice, d'actions et d'obligations de sociétés étrangères.

ARTICLE 96.

Les opérations faites illégalement en France par des sociétés étrangères sont nulles à l'égard des tiers; ces sociétés ne peuvent se prévaloir de cette nullité.

ARTICLE 96.

Conforme.

ARTICLE 96.

Conforme.

TITRE VIII

Dispositions pénales.

ARTICLE 97.

Est punie d'une amende de 500 à 10,000 francs et d'un emprisonnement d'un mois à deux ans toute fausse déclaration relative à la souscription du capital social primitif ou de ses augmentations, et à la réalité des versements, lorsqu'elle a eu pour conséquence la constitution définitive de la société.

TITRE VIII

Dispositions pénales.

ARTICLE 97.

Conforme.

TITRE VIII

Dispositions pénales.

ARTICLE 97.

Conforme.

ARTICLE 98.

Est punie d'une amende de 500 à 10,000 francs et d'un emprisonnement de quinze jours à six mois :

1° L'émission, la délivrance ou la négociation d'actions ou de coupons d'actions d'une société constituée contrairement aux prescriptions des articles 3, 5 et 32 de la présente loi.

L'emprisonnement peut être élevé jusqu'à deux ans lorsqu'il s'agit des actions ou coupons d'actions d'une société dont le capital n'a pas été entièrement souscrit ou dont les versements déclarés n'ont pas été effectués ;

2° L'émission ou la négociation en France d'actions ou d'obligations d'une société étrangère contrairement aux dispositions de l'article 92.

Sont punies de la même peine toute participation à ces négociations et toute publication de la valeur desdites actions.

ARTICLE 98.

Conforme.

1° L'émission, la délivrance ou la négociation d'actions ou de coupures d'actions... (la suite comme au paragraphe).

L'emprisonnement peut être élevé jusqu'à deux ans, lorsqu'il s'agit des actions ou coupures d'actions... (la suite comme au paragraphe).

2° L'émission ou la négociation en France d'actions ou d'obligations d'une société étrangère contraires aux dispositions des articles 92 et 93.

Toute participation à ces opérations.

Sont punis de la même peine ceux qui ont sciemment, par des avis, annonces, affiches, ou par tout autre moyen de publication, fait connaître l'existence de ces actions.

ARTICLE 98.

Conforme.

Conforme.

Conforme.

Conforme.

Conforme.
Conforme.

ARTICLE 99.

Sont punis d'une amende de 500 à 10,000 francs et d'un emprisonnement de quinze jours à six mois :

1° Les administrateurs ou directeurs d'une société anonyme, le gérant d'une société en commandite, qui commencent les opérations sociales avant la constitution définitive de la société;

2° Les représentants des sociétés étrangères par actions qui ont fait ou laissé faire en France des opérations sociales avant l'accomplissement des formalités de publicité prescrites par l'article 94 de la présente loi;

3° Ceux qui, en se présentant comme propriétaires d'actions ou de coupons d'actions qui ne

ARTICLE 99.

Conforme.

Conforme.

2° Ceux qui ne se seront pas conformés aux prescriptions du 3° paragraphe de l'article 7 ;

3° Les représentants des sociétés étrangères par actions qui ont fait ou laissé faire en France des

ARTICLE 99.

Conforme.

Conforme.

Conforme.

Conforme.

TITRE VIII

Dispositions pénales.

Nous voici arrivés au titre de la loi qui a provoqué les plus vives critiques.

Les écrivains, les publicistes les plus distingués se sont récriés à l'envi contre le nombre des délits prévus, l'aggravation des peines édictées.

Si l'esprit de modération doit être celui du législateur, n'était-ce pas le cas, en effet, de faire ici l'application de cette remarquable pensée de Montesquieu, que nous avons citée plus haut, et comment ne pas regretter que la mesure ait été dépassée?

Nous savons bien qu'il faut rendre justice aux excellentes intentions de nos législateurs ; mais les sévérités accumulées dans les dix articles de ce titre (97 à 106) constituent un véritable code des pénalités prévues pour toutes les infractions susceptibles d'être commises par les administrateurs, directeurs, commissaires ou membres des conseils de surveillance des sociétés. Ne finiront-elles pas par détourner des personnes fort honnêtes et capables d'accepter ces diverses fonctions? Par suite, la constitution de sociétés par actions ne deviendra-t-elle pas le partage des plus audacieux? L'avenir nous apprendra si ces appréhensions sont fondées.

Il était difficile, nous le reconnaissons, d'élargir, sans l'étayer de sanctions pénales, le cercle des prohibitions et des défenses pour empêcher les dols et les fraudes que le législateur de 1867 n'avait pas prévus. Toutefois, nous nous demandons si ces dispositions ne pourraient subsister tout en restant dans des termes plus rassurants pour les hommes de bonne foi que l'erreur d'interprétation ou l'ignorance d'une loi fort complexe, il faut l'avouer, peut entraîner dans les infractions énoncées. La forme dubitative de ces prescriptions n'empêcherait en aucune façon d'atteindre ceux que la loi veut frapper.

Nous souhaiterions donc qu'au lieu de dire aux articles 97, 98, 99, 100, 101, 102, 103, 104 : « Est puni ou sont punis... » ou « Sont passibles », on dise : « Peuvent être punis » ou « Peuvent être passibles », absolument comme cela est énoncé à l'article 106.

Les hommes forts de leur honneur, de leur conscience, n'auraient plus ainsi rien à redouter. Ils comprendraient que, s'ils sont exposés à tomber dans une infraction, ils seront relevés par la justice des tribunaux, lorsque leur erreur n'aura pas été intentionnelle, et qu'elle n'aura entraîné aucun préjudice ; ils resteraient ainsi soumis aux responsabilités de droit commun édictées à l'article 36 et le droit d'atteindre les coupables n'en demeurerait pas moins à la loi.

Cette modification ne serait-elle pas d'ailleurs en accord avec l'article 107 qui dispose que dans tous les cas où des condamnations sont prononcées, l'article 403 du Code pénal est applicable?

Or, d'après cet article, non seulement la peine de l'emprisonnement peut ne pas être prononcée, mais celle de l'amende peut être abaissée jusqu'au taux des peines de simple police. Pourquoi donc alors laisser subsister dans la rédaction des articles antérieurs un temps de verbe laissant supposer que le juge *est enserré* dans des limites absolument obligatoires?

Si nos pouvoirs publics admettaient cette modification, nous ne devrions plus regretter les aggravations de peine prévues dans la loi, car ceux-là seulement que cela gênerait dans leurs préméditations coupables auraient à s'en plaindre et seraient atteints.

La loi doit user de rigueur à l'égard du dol et réserver, au contraire, l'indulgence pour les fautes commises de bonne foi.

PROJET DU GOUVERNEMENT	TEXTE ADOPTÉ PAR LA COMMISSION DU SÉNAT	TEXTE ADOPTÉ PAR LE SÉNAT
leur appartiennent pas, ont créé une majorité factice dans une assemblée générale ;	opérations sociales avant l'accomplissement des formalités de publicité prescrites par l'article 94 de la présente loi.	
4° Ceux qui ont remis les actions pour en faire un usage frauduleux.	4° Ceux qui, en se présentant comme propriétaires d'actions ou de coupures d'actions qui ne leur appartiennent pas, ont pris part au vote dans une assemblée générale ;	Conforme.
	5° Ceux qui ont remis les actions pour en faire l'usage prévu dans le paragraphe précédent.	Conforme.

ARTICLE 100.

Sont punis des peines portées à l'article 405 du Code pénal :

1° Ceux qui, par des manœuvres frauduleuses, ont cherché à faire croire à des apports qui n'existent pas ou à attribuer à des apports existants une valeur supérieure à leur valeur réelle ;

2° Ceux qui, par simulation de souscriptions ou de versements, ou par publication faite de mauvaise foi, de souscriptions ou de versements qui n'existent pas ou de tous autres faits faux, ont obtenu ou tenté d'obtenir des souscriptions ou des versements ;

3° Ceux qui, pour provoquer des souscriptions ou des versements, ont, de mauvaise foi, publié le nom de personnes désignées contrairement à la vérité comme étant ou devant être attachées à la société à un titre quelconque ;

4° Les administrateurs ou gérants qui, en l'absence d'inventaires ou au moyen d'inventaires frauduleux, ont opéré entre les actionnaires la répartition de dividendes fictifs ou payés sciemment des intérêts après la période de premier établissement fixé par l'article 29 ;

5° Les commissaires ou les membres d'un conseil de surveillance qui, dans l'accomplissement d'un mandat conféré par la loi, par les statuts ou par l'assemblée générale, ont constaté sciemment comme vrais des faits faux ou fait de mauvaise foi des rapports inexacts.

Dans ces divers cas, toutefois, l'amende peut être élevée jusqu'à 10,000 francs.

	ARTICLE 100.	ARTICLE 100.
	Conforme.	Conforme.
	Conforme.	Conforme.
	Conforme.	Conforme.
	Conforme.	Conforme.
	Conforme.	Conforme.
	Conforme.	Conforme.
	Conforme.	Conforme.

ARTICLE 101.

Sont punis d'une amende de 500 à 10,000 francs et d'un emprisonnement de quinze jours à un an les administrateurs, directeurs et les gérants qui, en cette qualité, ont :

1° Contrevenu aux dispositions des statuts interdisant certains genres d'opérations ;

2° Fait des achats d'actions de leur société contrairement aux dispositions de la présente loi ;

3° Revendu ou fait revendre des actions régulièrement achetées et qui auraient dû être annulées.

ARTICLE 101.

Conforme.

ARTICLE 101.

Sont punis d'une amende de 500 à 10,000 francs et d'un emprisonnement de quinze jours à un an les administrateurs, directeurs et gérants qui, en cette qualité, ont contrevenu aux dispositions de la loi interdisant certains genres d'opérations.

ARTICLE 102.

Sont passibles des peines édictées en l'article 402 du Code pénal les administrateurs ou directeurs d'une société anonyme qui, en cette qualité, se

ARTICLE 102.

Sont passibles des peines édictées en l'article 402 du Code pénal les administrateurs ou directeurs d'une société anonyme qui, en cette qualité, se

ARTICLE 102.

Conforme.

RAPPORT SUR LE PROJET DE LOI

Dans la loi de 1867, seul l'article 15 visait les peines de l'emprisonnement portées par l'article 405 du Code pénal. Aujourd'hui il n'y a plus un seul cas punissable de l'amende qui ne le soit également de prison, et cela est juste.

Qu'était-ce, en effet, pour les éhontés qu'une amende même maxima de dix mille francs pour se jouer de la loi et faire une fortune? Il faut à ceux-là la prison et les répressions sévères indiquées pour les arrêter, si on ne veut que la loi reste « une illusion décevante », pour nous servir de l'expression de l'honorable rapporteur.

Ces réserves faites, nous demanderions encore les deux modifications suivantes :

1° Que dans le but d'éviter toute équivoque dans l'application de cette longue et complexe loi, les sanctions pénales déterminées dans les articles 97 à 107 fussent rappelées à tous les articles antérieurs visant les prohibitions et défenses dont ils veulent punir l'infraction. Il suffirait de dire : « sanction, » article n°... des dispositions pénales ».

2° Que dans l'article 100 qui dit :

« Sont punis des peines portées à l'article 405 du Code pénal, ceux qui par des manœuvres fraudu- » leuses ont cherché à faire croire à des apports qui n'existent pas, ou à attribuer à des apports existants » une valeur supérieure à leur valeur réelle », on efface les mots : « ou à attribuer à des apports existants » une valeur supérieure à leur valeur réelle ».

Car cette prescription serait, si elle était maintenue, la porte ouverte à l'intervention de ces « maîtres chanteurs » dont le Sénat connaît cependant si bien les détestables pratiques.

Comment se protéger en effet contre des recherches faites sur la valeur des apports un an, deux ans, trois ans peut-être après la constitution? Les garanties de révision auxquelles est assujettie la vérification des apports en nature par les articles 11 et 13 de la loi, rapport des commissaires, nominations d'experts, approbation par les assemblées générales, etc., etc., ne sont-elles donc pas suffisantes pour supprimer d'une façon absolue cette prévision de l'article 100 des dispositions pénales? S'il en était autrement, l'apporteur de la meilleure foi du monde serait placé sous le coup des recherches aux termes de l'article 100, et devrait toujours conserver la redoutable crainte des appréciations et du jugement des experts et hommes nouveaux devant lesquels ils seraient renvoyés, trois ans peut-être après les faits accomplis.

PROJET DU GOUVERNEMENT	TEXTE ADOPTÉ PAR LA COMMISSION DU SÉNAT	TEXTE ADOPTÉ PAR LE SÉNAT
sont rendus coupables des faits prévus aux articles 585, paragraphes 2, 3, 4 et 586, paragraphes 3, 4, 5 et 6, et 592 du Code de commerce.	sont rendus coupables de faits prévus aux articles 585, paragraphes 2, 3 et 4, 586, paragraphes 4, 5 et 6, et 591 du Code de commerce.	

ARTICLE 103.

Toute infraction aux dispositions de l'article 75 est punie des peines portées à l'article 410, paragraphe 1er, du Code pénal.

Sont punis des mêmes peines ceux qui par des annonces, affiches ou tout autre moyen de publicité, ont fait connaître l'émission faite contrairement à ces dispositions.

ARTICLE 103.

· Conforme.

Conforme.

ARTICLE 103.

Conforme.

Conforme.

ARTICLE 104.

Est punie d'une amende de 500 à 10,000 fr. toute infraction aux dispositions de la présente loi, relatives à la publicité qui doit précéder les souscriptions, émissions et ventes publiques d'actions et d'obligations d'une société par actions française ou étrangère.

Toute énonciation ou dissimulation frauduleuse dans les actes de publication donne lieu aux peines édictées par l'article 405 du Code pénal.

ARTICLE 104.

Conforme.

Toute énonciation ou dissimulation frauduleuse dans les actes de publication donne lieu, en outre, aux peines édictées par l'article 405 du Code pénal.

ARTICLE 104.

Conforme.

Conforme.

ARTICLE 105.

Est punie d'une amende de 50 à 1,000 fr. toute contravention aux dispositions des articles 74, 76, dernier alinéa, et 94, paragraphe 3, de la présente loi.

Toute énonciation ou dissimulation frauduleuse donne lieu à une peine d'emprisonnement d'un mois à un an.

ARTICLE 105.

Conforme.

Toute énonciation ou dissimulation frauduleuse donne lieu, en outre, à une peine d'emprisonnement d'un mois à un an.

ARTICLE 105.

Conforme.

Conforme.

ARTICLE 106.

Dans tous les cas où la présente loi prononce la peine de l'emprisonnement, le tribunal peut, en outre, déclarer le condamné incapable d'exercer les fonctions de juge au tribunal de commerce ou de membre d'une chambre de commerce ou d'une chambre consultative des arts et manufactures, pendant un délai qui ne peut excéder cinq années.

ARTICLE 106.

Conforme.

ARTICLE 106.

Conforme.

ARTICLE 107.

Dans tous les cas où des condamnations sont prononcées en vertu des dispositions de la présente loi, l'article 463 du Code pénal est applicable.

ARTICLE 107.

Conforme.

ARTICLE 107.

Conforme.

TITRE IX

Dispositions générales.

TITRE IX

Dispositions diverses.

ARTICLE 108 (89 du projet).

Les sociétés civiles qui divisent leur capital en actions doivent se conformer aux prescriptions de la présente loi, sous les mêmes sanctions civiles ou pénales.

TITRE IX

Dispositions diverses.

ARTICLE 108.

Conforme.

RAPPORT SUR LE PROJET DE LOI

TITRE IX

Dispositions diverses.

Article 108.

De telles modifications à la loi de 1867 devaient nécessairement entraîner des dispositions de nature

PROJET DU GOUVERNEMENT	TEXTE ADOPTÉ PAR LA COMMISSION DU SÉNAT	TEXTE ADOPTÉ PAR LE SÉNAT
		Les sociétés anonymes ne peuvent diviser leur capital qu'en actions ou coupures d'actions d'une valeur égale.
	Article 109 (innové par la Commission).	**Article 109.**
	Les articles 6, paragraphes 2 et 3, 23, 24, paragraphe 2, 31, 32, 33, 34, 36, 44, 63, 71, 75 à 86, 87, 91, 92, 93, 94, paragraphe 3, 95 et 96 sont applicables aux sociétés constituées antérieurement à la promulgation de la présente loi.	Conforme.
		Toutefois, l'article 23 ne sera applicable à ces sociétés que six mois après cette promulgation. Pendant ce délai, elles pourront, en se soumettant aux dispositions de l'article 22, modifier leurs statuts conformément aux prescriptions de cet article.
	Article 110 (innové par la Commission).	**Article 110.**
	Les délais des prescriptions édictées par l'article 43 courront, pour les faits accomplis antérieurement, du jour de la promulgation de la présente loi.	Conforme.
Article 108.	**Article 111** (108 du projet).	**Article 111.**
Sont ou demeurent abrogés :	Conforme.	Conforme.
1° Les articles 31, 37, 40, 42, 43, 44, 45 et 46 u Code de commerce ;		
2° La loi du 17 juillet 1856 ;		
3° La loi du 30 mai 1857 ;		
4° La loi du 23 mai 1863 ;		
5° La loi du 24 juillet 1867 sur les sociétés.		

RAPPORT SUR LE PROJET DE LOI

à apporter la plus grande harmonie possible dans la législation afférente à la constitution de toutes les sociétés par actions.

C'est ce qu'a voulu imposer l'article 108, qui énonce que les sociétés civiles divisant leur capital en actions doivent se conformer désormais aux prescriptions do la présente loi sous les mêmes sanctions civiles ou pénales.

ARTICLE 109.

L'article 109 règle par rapport à la nouvelle loi la situation des sociétés déjà existantes, et désigne les articles qui leur seront applicables dès la promulgation de la loi, réservant toutefois pour l'article 23 un délai de six mois après cette promulgation.

ARTICLE 110.

L'article 110 précise que les prescriptions édictées par l'article 43 courront, pour les faits accomplis antérieurement, du jour de la promulgation de la présente loi.

ARTICLE 111.

Enfin, l'article 111 précise l'abrogation nominative des articles du Code de commerce et des lois de 1856, 1857, 1863, 1867, sur les sociétés, qui sont remplacées par la nouvelle législation.

C'est là une précaution que nos législateurs devraient toujours adopter au lieu de rééditer comme cela a lieu trop souvent la formule vague et dangereuse :

« Toutes les dispositions contraires à la présente loi sont et demeurent abrogées. »

Là précision que la loi nouvelle apporte suffirait à elle seule à démontrer avec quel esprit studieux il a été procédé à la révision de la loi de 1867.

Nous voici arrivé à la fin de cette étude trop longue peut-être : si nous avons soumis quelques améliorations à apporter selon nous à ce projet de loi, c'est que, profondément convaincu de l'utilité de cette révision, nous voudrions que la loi nouvelle pût répondre à toutes les nécessités et exigences qu'une expérience pratique déjà longue des sociétés par actions nous a enseignées; mais nous aimons à rendre hommage au travail considérable du Gouvernement, de la Commission, de son honorable rapporteur et aux laborieuses discussions du Sénat; nous sommes heureux de reconnaître que la loi a été étudiée avec un sentiment profond de sévérité et de justice.

On a voulu, ainsi qu'en témoignent les articles 41 et 43, diminuer la responsabilité des fondateurs et administrateurs, quand il n'y aura ni dol ni fraude, et restreindre à trois ans la durée de l'action en responsabilité qui était autrefois de trente ans; atteindre au contraire les hommes de mauvaise foi; prévenir enfin quand il est encore temps, plutôt que réprimer quand le délit est commis.

Nous ne saurions donc conclure autrement qu'en vous proposant, sous réserve des observations que nous avons eu l'honneur de vous soumettre et dont nous vous demandons l'approbation, de donner votre avis le plus favorable au projet de loi sur lequel le Corps législatif va être appelé à statuer.

Le rapporteur : ALFRED LAGACHE.

Après la lecture de ce rapport, la discussion est ouverte, et, après délibération, le Tribunal

en adopte les motifs et les conclusions en entier, le transforme en délibération et ordonne qu'une expédition sera transmise à M. le Procureur général près la Cour d'appel de Bordeaux.

Fait et délibéré à Bordeaux, les jour, mois et an ci-dessus énoncés.

Signé : J.–M. SEGRESTAA.

G. LAROZE, *greffier*